U0461974

礼宾接待与服务保障

张建国　著

中国人民大学出版社
· 北京 ·

　　张建国，毕业于郑州大学新闻系新闻专业，中国礼宾礼仪文化专业委员会高级顾问、全国公务接待培训专家库成员，郑州市接待办公室原调研员，北京2022年冬奥会和冬残奥会（张家口崇礼赛区）国内公务接待特约培训老师。长期从事党政机关公务礼宾接待工作，参与过多场国内大型活动和重大任务的组织接待与服务接待工作，应邀在全国多个省市党政机关公务接待部门、高等院校、党校（行政学院）、干部学院、企事业单位进行公务接待业务知识培训专题讲座。曾主持编辑《接待工作》期刊，著有《中国礼宾与公务接待》《中国礼宾接待手册》等。

联系电话：13603981341（微信同号）
　　　　　　 13717600758
电子邮箱：zzzhangjianguo1955@163.com

出 版 前 言

我国公务接待工作是党政机关工作的重要内容，是新时代中国特色社会主义国家治理体系和治理能力现代化不可或缺的组成部分，伴随着党和国家的事业发展而发展，历来为中央和各级领导同志所高度重视。

2014年2月24日，习近平总书记在主持中共中央政治局第十三次集体学习时指出，要建立和规范一些礼仪制度，组织开展形式多样的纪念庆典活动，传播主流价值，增强人们的认同感和归属感。为了深入贯彻落实中共中央对新时代国内公务接待工作的新任务和新要求，助力党政机关公务接待工作高水平高质量发展，建立和规范公务接待礼宾礼仪制度，使接待工作更好地服务于党和国家的工作大局，服务于各级党政机关往来公务活动，服务于国内重大和重要接待任务的开展，我社特邀请国内公务活动礼宾礼仪接待专家张建国先生撰写了《礼宾接待与服务保障》一书。

本书以习近平新时代中国特色社会主义思想为指导，按照中共中央办公厅、国务院办公厅印发的《党政机关国内公务接待管理规定》等一系列党对公务接待工作的政策规定、制度办法，紧密联系国内公务接待工作实际编写，力求做到政治本色，高端站位，权威准确，揭示规律，答疑解惑，指导工作。

礼宾接待与服务保障是公务接待人员必须学习和掌握的重要专业知识，也是公务活动往来待客之道的重要内容。掌握与运用科学的礼宾接待方法与技巧是接待人员的一项基本功和看家本领。本书以大型活动、重要接待、高端服务为主要内容，包括政策阐释、理论研究、体制机制、礼宾礼仪、接待艺术、操作细则、服务规程、保障措施、管理督导、应急服务、接待演练、要素配置、细节处理、实操案例、参考样本、席位安排、礼宾次序、方案制作、组织实施，以及接待基地宾馆酒店的餐厅招待、客房服务等300多个常用公务礼宾接待理论与实践问题，内容涵盖了公务接待工作的方方面面，许多问题都是接待工作者所普遍关心、期待解决的工作中的难点问题。本书对于规范公务礼宾礼仪接待行为，提升接待人员的业务技能和服务水平，塑造文明礼貌、专业有素的公务礼宾接待职业形象，为党政机关公务活动提供标准、规范和精细的礼宾接待和服务保障工作，具有很强的现实意义。

本书是国内首部系统研究公务接待大型活动礼宾礼仪与服务保障工作的专著。书中许多理论观点和做法在国内公务礼宾接待活动中引领作用明显，对于认识和规范我国举办大型活动的礼宾接待与服务保障体系，提升大型活动办会水平，具有积极的促进作用。

本书采用问答形式，简明扼要，通俗易懂，使用方便。且体系完备，要素齐全，模块处理，实操性强。既独立成篇又相互联系，立足应知应会，突出实战引领，介绍方法技巧，着眼专业提升，聚焦重点难点，运用先进理念，阐释依法接待、文明接待、精准接待、人文接待，紧扣接待工作高水平服务、高质量发展，力求公务接待标准化、规范化、精细化等"多化"融合。本书的实用价值、指导价值和理论价值为培养高素质、专业化的党政机关公务接待专门人才队伍提供了智力支撑。

《礼宾接待与服务保障》与《中国礼宾与公务接待》《中国礼宾接待手册》是作者中国公务接待著作的"三部曲"。三者各有侧重，相得益彰。本书可作为新时代地方党政机关国内公务接待工作指南和业务培训教材用书。

2021 年 12 月

序　言

习近平总书记指出，"办好一次会，搞活一座城"。根据国家发展战略和整体布局的需要，大量的全国性、国际性重要和重大活动相继在全国各地举办，许多是全球性、世界级的国际知名品牌会议、会展、论坛、峰会、赛事等多边活动。其间，通常会有国事活动。由于国事活动属于国家层面，体现国家意志，规模大、规格高、影响广、场次密、要求严格、礼仪讲究（仪式感、庄重感、荣誉感强），因而备受当地党委、政府的重视，往往是举全省、全市之力予以承办。

举办如此高规格的活动，对于地方来说，是一项光荣的政治担当，负有崇高的国家责任和历史使命。同时，也为活动举办地放大办会效应、扬名国际社会、展示发展成果、宣传发展优势、营造投资环境、促进接待服务标准化建设和高质量发展、提升城市形象和品位提供了难得的历史机遇。

重大或重要活动，是一个极其庞大的系统工程，具有极强的政治性、政策性、专业性。既要统一领导、分工负责，又要统筹协调、相互配合，用高效有序的组织体系和运行机制做保障，通过加强制度建设、工作规范，提升对整体活动全域的领导力和执行力，表现出与任务相匹配的接待水准。

各地接待部门在这些重大和重要活动中，主要工作就是礼宾接待与服务保障。礼宾接待与服务保障工作贯穿整个活动始终，对活动的成败起着至关重要的作用。通过多年来的接待工作实践，许多地方接待部门已经形成了一套符合中国国情，具有地方特点，同时又接轨国际的重大活动礼宾接待与服务保障的做法和"接待模式"，并且被广泛推广、复制和借鉴。

　　地方接待工作是中央国家机关接待部门服务保障工作的延伸，并按照上级领导机关工作意图和指示要求抓好具体落实。对于重大、重要活动的礼宾接待与服务保障工作，各地接待部门应始终坚持从党和国家事业发展的大局出发，找准工作定位，提升做好工作的荣誉感、责任感和使命感，以最坚决的态度、最周密的筹划和最高的标准实施各项筹备工作，争取政治效益和社会效益的最大化，"办好一次会，搞活一座城"，为实现中华民族的伟大复兴做出应有的贡献。

　　长期以来，党政机关公务接待部门的同志们，以高度的政治责任感，不忘初心，牢记使命，廉洁自律，敬业奉献，接续奋斗，出色地完成了一次又一次重大活动和重要接待的任务，在平凡的工作岗位上做出了不平凡的业绩。作为一名曾长期工作在公务接待战线的老同志，我倍感荣幸。谨以此书献给全国公务接待部门的各位同人！由于本人水平有限，书中如有不当之处，敬请各位专家学者、接待同人和读者批评指正。

张建国
2021 年 12 月于北京

目　　录

第一部分　公务接待理论

第二部分 重宾接待服务

第三部分　前站（先遣）工作

第四部分　大型活动运作

第五部分 宴会（餐叙会）服务

第六部分　宾馆（酒店）接待服务

第七部分　迎送、乘车、陪同服务

第八部分　会见、会谈（座谈）服务

第九部分 签字仪式服务

第十部分　新闻发布会服务

第十一部分　公务活动席位安排

第十二部分 合影、剪彩、颁奖服务

第十三部分 公务接待方案

第十四部分　公务活动礼宾排名

第十五部分　公务接待管理

第十六部分　国企商务招待

第十七部分　附　　件

第一部分
公务接待理论

1. 怎样认识公务接待工作的初心和使命

正确认识公务接待工作的初心和使命，既是理论问题、实践问题，也是政治问题。

公务接待工作具有光荣的革命传统和红色基因，因党而生，伴党而行，始终忠诚于党的事业，全力服务保障党的工作。一代又一代的接待人接续奋斗，为党和国家做出了不可或缺的重要贡献。公务接待的历史就是一部接待工作服从和服务于党的事业的历史，是一部倡导艰苦奋斗、勤俭节约，反对浪费、反腐倡廉的发展史，是中国共产党党史的组成部分。

新时代新使命，接待部门要找准接待工作在新发展格局中的职责定位，按照有利公务、以人为本、绿色环保、务实节俭、礼仪从简、依法依规等接待服务新发展理念，从更高层次更宽领域认识和思考接待工作，不断提升接待内涵，提高服务保障质量，始终不忘接待工作"为领导机关服务、为来宾服务、为人民服务"的初心，始终牢记接待工作服务和服从于党委、政府工作大局的神圣使命。增强"四个意识"、坚定"四个自信"、做到"两个维护"，带着忠诚、带着感情、带着责任，把公务接待工作当事业，以永不懈怠的精神状态，不断创造无悔于新时代的新业绩。

2. 公务接待工作的地位与作用是什么

公务接待既是国际惯例，又是中国传统，自古有之，是人类社会发展的必然产物。礼是古人道德思想的精髓，甚至是治国安邦的战略。《荀子·修身》称："人无礼则不生，事无礼则不成，国家无礼则不宁。"公务接待作为一种正常的公务活动方式，有其现实存在的合理性、必要性和重要性。

我国的公务接待工作是党委、政府工作的重要内容，是党和国家事业不可或缺的一部分，也是新时代中国特色社会主义国家治理体系和治理能力现代化的重要内容，伴随着党的事业发展而发展，历来为中央和各级领导同志所高度重视。例如，中央八项规定规范的是党员领导干部的公务活动，而公务活动关联最紧密、牵涉内容最多的就是公务接待。

习近平指出，办公室工作"上至接待首长领导，下至联系平民百姓"，"就内部分工来说，有调研、信息、查办、信访、接待、机要、档案、文印、收发等各项工作"（《秘书工作的风范——与地县办公室干部谈心》）。

公务接待工作是办公厅（室）工作的一部分，是一种秘书性的工作，集政务、服务和礼仪于一体，主要为公务人员出席会议、考察调研、执行任务、学习交流、检查指导、请示汇报工作等公务活动提供工作服务和生活服务，从而使各项公务活动有序、安全、顺畅、高效地完成，在党委、政府工作全局中具有特殊重要的地位和作用，责任重大，使命光荣。可以说，公务接待能力的强弱在一定程度上也反映了一个地方治理体系和治理能力现代化的水平。（接待部门的地位及作用在一定程度上往往取决于当地党委、政府的认知程度与授权范围。）

接待工作是锤炼和提高干部能力素质，增长才干、增强工作本领的重要平台和途径。习近平指出，"办公室工作是一个苦差事啊，什么好受的没有，只有难受。有的人不愿意来，愿意来的人，组织上还不一定看得上"（选自《习近平在宁德》系列采访实录）。做好接待工作"就得下一番功夫"。这充分表明组织上对接待干部的选用有着极高的政治素质和业务能力要求。

公务接待工作在党的各个历史发展时期发挥着不同的作用。在新时代，接待工作主要发挥五个方面的作用，即参政辅政作用、礼宾礼仪作用、服务保障作用、窗口形象作用和廉洁关口作用。

随着形势的发展，国内公务接待工作的内涵更加丰富，外延更加拓展，体系日益完善，礼宾接待工作也将更加专业化、规范化，在国家政治生活中的作用和必要性将会更加突出。

3. 如何发挥公务接待工作的参政辅政作用

公务接待工作既是为领导机关服务的，也是地方党政机关负责同志，尤其是主要负责同志公务活动的重要工作内容。对于重大公务接待活动，历来都是高度重视，亲自审定方案、亲自动员部署、亲自统筹指挥、亲自检查监督、亲自准备材料、亲自介绍情况。地方党政机关负责人是接待来宾的主角，接待服务人员是配角，是助手。接待工作发挥参政辅政作用要重点做好以下几个方面的工作：

一是做好地方各级党政机关负责同志决策和决策落实的服务辅助工作，提升政务活动的参与度。积极参与接待方案制定、活动安排等顶层设计工作，落实党委、政府主要负责同志工作意图，为参加公务接待活动当好参谋助手和智囊。这既是党委、政府对接待工作的高度信任，也是对接待工作的更高要求。

二是做好公务接待活动材料的准备工作，为出席公务接待活动的当地党委、政府负责同志提供其可能关注的政治、经济、社会等方面的背景材料，或相关参阅材料要点，如撰写"会见活动参考""会谈活动参考"等。内容通常包括来宾所在省市概况、发展现状、人员名单、主要领导简历、活动主题、活动程序、往来情况等要素，亦可根据此次接待工作的需要提出建议。对于一些专业性较强的接待活动参阅材料，可由相关业务主管部门和政策研究部门负责提供。（兄弟省市往来参阅材料的写作，常见思路如下：首先是"开场白"，主人对客人的到来表示欢迎；随后是对两地关系的简要评价及往来情况的回顾；接着向客人简要介绍本地的相关情况，如有合作意向，可在此部分提出具体合作建议；结束语部分则是预祝来宾考察访问成功等祝福语。此外，对来宾感兴趣或可能提及的具体问题要心中有数并预做准备。）

三是利用接待过程，收集整理来宾的意见和建议，为本地领导同志决策部署提供信息服务工作。

四是在接待活动中，积极宣传和推介本地党委、政府改革开放和社会发展的新举措、新优势、新成果，让来宾了解关注本地，指导支持本地，促进本地改革开放和经济发展。

五是做好本地公务接待活动的管理工作，切实履行对公务接待活动的主体责任、监督指导责任，如制定本级党委、政府接待工作规范、程序、制度、办法、规定等。

发挥参政辅政作用，不断提高辅助党委、政府决策，推动决策落实的能力和水平，实现接待效能最大化，是公务接待工作迈向更高层次的必由之路。

4. 如何发挥公务接待工作的礼宾礼仪作用

党政机关公务活动中的礼宾接待工作是党和国家礼仪的重要组成部分，是党政机关公务活动最具礼仪特点的工作。

礼宾礼仪是各级地方党委、政府接待部门一项重要职能和经常性的事务。可以说，党政机关几乎每一项工作或活动都与礼宾礼仪有关联。如述职活动，讲究的是上下关系礼仪；签约活动，讲究的是平行往来宾主对等礼仪等。

接待工作强调仪式感（仪式程度应符合活动层级），注重形式和内容的和谐搭配。礼宾接待的仪式感涉及接待活动的方方面面，如现场布置、席位安排、仪容仪表、礼节礼貌等。为了体现仪式性，重要活动一般均要设计礼宾程序，如迎宾程序、送宾程序、会见程序、会谈程序、座谈程序、陪餐程序等。做到礼仪规范，程序严谨。

公务活动中的政务礼仪是政治规矩的一部分。（"政治规矩"主要是指党章党纪、宪法法律、工作规程和优良传统。）标准高，要求严。在公务活动中，社交礼仪、商务礼仪、个人习惯等社会生活礼仪均应服从政务礼仪和国家礼节（如社交活动注重女士优先原则，政务活动讲究的则是男女平等、职级原则）。

公务接待活动的一个重要礼宾原则，就是礼宾礼仪应服从和服务于党纪国法、政治规矩和政治需要。

5. 如何发挥公务接待工作的"窗口""形象"作用

公务接待部门是展示党委、政府立党为公、廉政为民形象的重要窗口，是沟通左右、连接上下的桥梁和纽带，是交流情况、获取信息、增进合作的重要渠道和平台，也是地方省市对内对外交往、服务发展的重要抓手。

就工作性质而言，接待工作处于服务党政机关对内上下联系、工作往来，对外区域合作、沟通交流的最前沿，最早见到，最先接触，最后离开来宾。从这个意义上讲，接待工作代表着城市的"第一位形象、第一张名片、第一个窗口"，是城市的"迎客松"。

接待人员与来宾接触最多、最直接，接待工作是最能给来宾留下记忆和印象的工作，在一定程度上起着当地党委、政府形象大使和代言人的作用。接待人员的仪容仪表、举止言谈、职业操守、专业素养、服务技能，包括着装、发型、微笑、形体、态度、气质、意识、精神、语言、动作等方面的表现和展示，直接反映了接待人员的服务水准、素质高低、能力强弱、格局大小和文明程度，直接影响着当地党委、政府形象和工作大局。接待工作对于树立党委、政府的良好形象，提升本地的软实力、巧实力，促进经济发展和社会进步具有不可替代的重要作用。

6. 公务接待工作"宾至如归"的基本要求是什么

全心全意为上级领导机关工作服务、为各地党政机关和来宾公务往来活动服务、为本地改革开放和经济建设服务，是各级党政机关公务接待部门的宗旨，也是接待工作的本质属性，与为人民服务是高度一致的。接待工作既是为领导机关工作服务的，又是受当地党委、政府领导同志委托为来宾出差办公服务的，要把来宾需要不需要、满意不满意作为服务的待客之道。接待工作要克服简单冷漠例行公事"走流程"的工作态度和工作方式，对待来宾不能半心半意、三心二意，更不能虚情假意。公务接待工作"宾至如归"的基本要求是：

（1）友善接待，和谐接待，"对宾客生活服务要周到热情，努力做到设身处地，急人所急，解人所难"，想来宾之未想，超前服务，使来宾具有归属感。

（2）文明接待、依规接待，使来宾享有应有的礼遇和"体面"，具有尊严感。

（3）服务为本，宾客至上，用心接待，心随客动，对来宾要诚心诚意，真心实意，深情厚谊，悉心照料，体贴入微。往往一个真诚的微笑，几句贴心的问候，就会让客人感到宾至如归、如沐春风。对来宾的一个手势、一个眼神、一个动作或一句话，要细心揣摩，把握其所思、所需和所为。接待服务工作不仅仅是让客人认可、满意，而且要尽量使来宾感动，产生"一见如故"的亲切感、幸福感。

总之，公务接待部门要按照中国特色社会主义核心价值观的要求，提供与之相适应的接待服务产品，推动公务接待工作高质量发展。

7. 怎样认识"公务接待无小事"

党政机关办公室事务就接待工作而言，"办事"比"办文"要求还高，难度也大。办文一次不成功，通常还可以重写或反复修改，如果自己修改不好，还有其他同事和领导帮助你修改；办事则只能成功，不能失败，好比"现场直播"，无法重来，具有不可逆性。

重要接待任务要求万无一失，一个细节的疏忽，或者只是小纰漏、小瑕疵，往往就会造成不良的后果和影响，很可能"一失万无"。任何小事都可能变成影响全局的大事，任何疏忽都可能造成不可挽回的损失。细节关乎质量、效果和形象，体现素质、水平和态度。一旦在细节上出现接待事故，许多情况下，接待工作就不是质量"好"与"差"的问题，而是工作结果"成"与"败"的大事。可谓是"细节决定成败，小节就是大局"，没有让你出错的空间。服务质量是接待工作的生命，粗糙的服务质量是接待工作之大忌。

差错往往是在人们意想不到的情况下发生的，而意想不到的情况在接待工作中随时都有可能出现。例如，职务、性别、民族、单位、时间、地点、行李、席位等接待要素往往成为风险点，关于这些要素都要准确无误。另外，对于领导同志或来宾交办的事宜，要做到事事记准确，件件有着落，次次有回音。

"公务接待无小事"还要做到精准接待，不能有"大概""差不多""基本上""也许是""可能是""在路上""快到了"等模糊、模棱两可的词语，以及大而化之和想当然的态度。接待干部要养成极其用心、极其细致，重视细节的工作习惯，这既是工作要求、工作态度，又是优良传统和工作作风。

"公务接待无小事"要求接待服务的每一个细节都要严谨、细致、周密，要重视细微之处，尤其是会造成工作被动、具有负面效应、影响全局的重要细节和节点更要慎之又慎，细之又细，实之又实。细节可以成就完美，细节也可以铸成大错。细节是一种态度，想得、做得越细，任务的成功率就越高，心里就越踏实。"安全第一、细节为上"已经成为做好接待服务工作的重要法宝。

8. 公务接待工作为什么要"讲政治"

公务接待工作的第一属性是政治属性，接待人员的第一素质是政治素质。

讲政治，是一门大学问。公务接待工作讲政治，概括起来说就是从政治上观察和处理公务接待工作中的问题。旗帜鲜明讲政治，既是马克思主义政党的鲜明特征，也是我们党一以贯之的政治优势。公务接待工作是党的事业的一部分，也是重要的政治资源和执政资源。接待工作关系着各级党组织的形象，服从和服务于党委、政府工作，讲政治尤为重要。

接待任务是政治任务。它关系着党的工作大局，是一项非常重要且必须完成好的政治任务。政治是统帅，是灵魂，是大局。在马克思主义政党执政活动中，凡属根本、重大、原则、方向的问题，都是政治；凡是关系到这些方面的事务都需要上升到政治高度。接待的考察内容、项目安排、服务保障、程序、标准、环节、礼宾等均与政治相关联，讲政治是公务接待工作永恒的主题。

接待工作是政务工作。接待部门是为各级领导视察调研提供政务服务的，为制定方针政策发挥辅助作用。公务接待任务重要，工作敏感，岗位特殊，工作性质、工作内容要求接待工作人员必须坚定理想信念，增强政治定力，把牢政治方向，具有政治勇气和政治担当，满怀做好接待工作的光荣感、使命感和责任感。公务接待工作的好坏，事关党的形象和执政能力建设，公务接待工作的本质属性决定了公务接待工作必须把"讲政治"放在首位。（法，礼，情。法，即党纪国法；礼，即礼宾礼仪；情，即用心用情，以人为本。）具体讲，要把握好以下三个方面：

一是从政治角度思考问题。接待服务不能仅限于从工作层面考量，而要注重从政治层面思考，从上级领导同志关注的问题和角度入手，去定位、去思考、去谋划，做好活动方案制定、接待情况介绍等相关工作，更好地满足考察调研工作的需要。

二是从政治角度把握大局。了解党和国家的大政方针和对本地区的战略布局，掌握本地党委、政府的工作重心、发展目标、总体规划等工作部署，充分认识公务接待活动的政治意义。公务接待工作要站位全局，与接待任务主题同频共振，谋划对接，具有大局观。充分认识到新时代公务接待工作已不只是传统的负责"迎来送往、吃穿住行"的事务性工作，还肩负着"落实领导工作意图、助力经济社会发展"的参谋辅政的工作使命。主动把接待工作融入调研、考察、巡视工作之中，视为上级机关和上级领导出差办公的一个组成部分，努力营造良好的生活和办公环境。

三是从政治角度提高接待工作的政治判断力、政治领悟力和政治执行力。国内公务接待工作根据党的路线、方针、政策，按照中共中央办公厅、国务院办公厅《党政机关国内公务接待管理规定》等党和国家有关法律法规组织安排公务接待活动，具有高度的政治性和政策性。

公务接待工作既是党内政治生活的重要组成部分，又是党内日常监督的重要内容。各级来宾依照规定享有的礼遇和待遇（政治待遇、工作待遇和生活待遇）是公务活动的必然要求和工作需要，领受任务要考虑政治因素，制定方案要落实政治要求，应对问题要防范政治风险，确保接待活动的政治安全以及生活安全和人身安全。（把接待部门打造成"最安全、最规范、最放心"的公务活动基地，确保来宾安全，始终是公务接待工作的首要任务，这是底线，也是红线。在接待干部干好工作所需的各种能力中，政治能力是第一位的。）应从政治角度提升接待服务品质，以极高的政治站位、极致的工作标准、极严的工作作风体现公务接待工作的政治属性。每次重大接待活动都是对政治判断力、政治领悟力、政治执行力的一次全面检验。

9. 怎样理解礼宾接待工作的艺术性

接待工作不仅是一门学问，还是一门艺术。艺术性的运用是礼宾接待服务工作文明发展的必然趋势和更高层次的追求，是礼宾接待文化的重要组成部分。礼宾接待工作的制度化、规范化、标准化、程序化是基础性的标准接待，讲究的是秩序，注重的是质量；艺术性接待是礼宾工作的升华，讲究的是接待的文化品质，注重的是格调情趣和境界，在润物细无声的细节安排里收到于无声处听惊雷的接待效果。接待工作要在常规程序、标准、质量的服务中，融入"美"的中国元素、民族特色、地方特点来提升接待效果，使来宾在接待服务的环境和氛围中具有尽量多的获得感和愉悦感。

接待工作中的"艺术性"涉及接待服务的各个方面。例如各种活动的场景设计，接待人员的言谈举止、仪容仪表，各种招待会、工作餐会、酒会、茶会的组织安排，以及接待用品的使用等，无不包含"艺术"在其中，体现不同的寓意和内涵。

10. 什么是礼宾接待工作中的个性化服务

不同层级的接待任务有不同的工作要求、生活要求和礼宾要求，即便是相同的任务主题，由于人员结构的不同，安排时也应有所区别。接待部门要加强对公务接待工作的精细化管理，在规定范围内，尽可能满足来宾的个性化需求，提供针对性的个性化服务。

所谓个性化服务，就是在接待服务中对待来宾要既有共性原则，又有个性服务；既有所同，又有所不同。相同的是工作规范、质量标准，细致入微的人文关怀；不同的是量身定制，因人而异，因时制宜，细节区别，差异化服务，在共性服务中体现个性。将个性化服务在合规合法范围内做到合情合理，是服务的更高境界。

礼宾接待不能一味地要求来宾"入乡随俗"，要尊重客人的风俗习惯、宗教信仰、个人爱好和忌讳。涉及民族习惯、宗教信仰、不同种族活动时，应注意接待服务的针对性和特殊性，必要时要请教有关方面的专业人士。

11. 公务接待与非公务接待的区别是什么

公务接待与非公务接待的区别在于：

（1）主体不同。公务接待的主体是政党、国家或国有企事业单位、人民团体，属于国家事务、官方行为；非公务接待的主体是个人、私营企业或民间组织，属于个人事务、民间行为。

（2）性质不同。公务接待使用的是公共资源，服务的是国家机器，是一项多层筹划、多方参与、多点衔接的系统工作；非公务接待使用的是个人资源，服务的是私人交往和利益，一般在礼宾接待方面较为简单。

公务接待提供的服务不是购买服务，亦不是市场行为，而是政府行为，是国家公务员忠于祖国、忠于人民，全心全意为人民服务的职责所在。

（3）要求不同。公务接待要求规范接待、依法接待，在接待范围、接待标准、接待规格、接待礼仪（如方案制定、考察调研、迎送、陪餐、食宿、交通、会谈、会见、合影、席位安排、礼宾次序等）、接待程序、接待经费、接待纪律等方面都有严格的制度规定和政治要求，强调"公务接待无小事"；非公务接待则较为宽松和灵活。

12. 公务接待服务与宾馆（酒店）服务以及机关后勤工作的主要区别是什么

公务接待服务与宾馆（酒店）服务的主要区别在于二者性质、目的不同。

公务接待服务属于政府行为，提供的服务是公共产品，注重接待服务质量和效率最优化，服务的对象主要是党政机关，强调政治效益和社会效益最大化，服务不以营利为目的；宾馆（酒店）属于服务行业，接待服务是企业行为，提供的服务是商品，服务的对象是整个社会，追求经济效益最大化，以营利为最终目的。例如，举办大型活动，当地政府通常通过招标来购买酒店服务。

公务接待工作不能等同于机关后勤工作。党政机关公务接待部门在公务接待活动中起着管理、监督、指导和组织落实的作用，始终处于公务活动的最前沿、最前端；机关后勤工作则是为接待工作服务的。一个是组织接待，一个是服务接待。工作的性质、对象、职责范围也都不同。

13. 如何做好公务接待活动中的保密工作

国家秘密是关系国家安全和利益，依照法定程序确定，在一定时间内只限一定范围的人员知悉的事项。

公务接待部门是重要涉密单位，保守秘密，内外有别，外外有别，既是接待工作的特点，又是一条重要纪律。

接待人员要从党和国家利益的高度来认识和对待保密工作，要从思想上、行动上、政策上遵守党和国家的保密规定、地方保密制度。一切从党和国家的利益出发，从本地发展的大局出发，掌握好分寸，把握好尺度。有"礼"，还要有"节"。对于涉密事宜（包括国家秘密、工作秘密、商业秘密、企业秘密、科技秘密和个人隐私等）要"慎之又慎，严之又严"，不能有求必应，不能来宾想到哪里就到哪里，想看什么就看什么，想要什么就给什么。表面平静、光鲜亮丽的参观考察活动中，也许蕴含着其他动机。在经济合作、科技交流中要周密考虑，合理安排；参观路线，掌握适度（对于一些不宜公开的参观项目，如车间、产品、工序等，应提醒接待单位做好保密工作）；发言材料、论文、技术资料要做好关键核心技术的保密工作。

等级任务（凡危及党和国家政治安全特别是政权安全、制度安全等的内容不得公开或不宜公开的有关专项重要接待任务）的服务保障工作通常均属于机密范围。不同等级的接待任务，有不同的服务保障工作要求和标准。等级任务领导同志的出行日程、方案、记事、住地、饮食习惯、身体状况、个人爱好等均属于机密或秘密范围。承担接待任务的单位和参与接待工作的所有人员，必须认真执行党和国家有关保密规定，不向无关人员透露接待相关信息，不在公共场合讨论相关工作，不在社交媒体上发布涉密内容，切实做好接待保密工作。

14. 如何把握接待工作的"变与不变"

把握公务接待工作的规律和特点，正确认识接待工作"变与不变"的辩证关系。接待活动不变是相对的，变是绝对的。实践证明，接待任务常常是计划赶不上变化，总会有意想不到的情况，牵一发而动全身。

坚持原则不教条，灵活应变不违规。在制定和落实接待方案中，要注意应急应变情况，能够根据来宾临时提出的新要求（如重宾为了更为全面地了解情况，临时提出考察安排，进行事先没有安排的随机性调研，或者临时改变行程）和新情况，科学安排，按程序及时调整活动内容，实现来宾的工作意图和工作要求。

坚持问题导向，预估潜在风险，对可能出现的一些情况能够提前预判并作出预案。对来宾关心什么、了解什么、希望什么、期待什么，要有思想准备，做到心中有数。尤其是对一些新的考察主题要提前谋划，早做准备。要充分考虑天气、时间、环境、道路、气候、电力、交通、人员、项目、内容等要素可能发生的变化，以变应变，做好危机处理准备。要处变不惊，"一切尽在掌握之中"，提高管理和控制接待活动的能力，力争做到"来宾未谋有所思，来宾未闻有所知，来宾未动有所行，来宾未行有所筹"。

15. 如何认识信息网络技术对接待工作的促进作用

随着科学技术的发展，"大数据""云计算""智能制造""互联网＋"等也开始应用于党政机关公务接待工作。按照接待任务项目化、接待项目方案化、接待方案模块化、接待模块清单化的管理模式，即对接待任务实施全要素（工作内容的方方面面和细枝末节）、全流程清单模块管理，有些接待部门已经着手进行接待工作"云平台"开发和建设〔也就是通过信息网络平台，将接待工作的各个环节、各个要素设置为统一、互联的电子模块。如机构职能模块、制度规定模块、业务流程模块、礼宾接待模块、车辆管理模块、考察项目模块、宾馆（酒店）模块、会议场馆模块、机场车站模块等，使之科学化、标准化、程序化、公式化、信息化、智能化、网络化、数字化〕。建成后的"云平台"，接待人员根据接待任务的不同级别、不同类型和具体要求进行排列组合集成，将组合集成模块清单输入系统，即可自动生成标准的接待方案，并可对方案进行实时修改、审批、查阅、跟踪、归档等。信息网络平台必将在促进公务接待能力提升、服务提质、办事提速、工作提效等方面发挥更大的作用。

一般性任务可利用"互联网＋"接待，把二维码应用到接待工作中，在不涉密的情况下，接待对象随时随地可以扫码察看活动安排信息。

16. 怎样认识公务接待活动中的礼貌、礼节、礼仪

礼貌属于社会公德，体现文明程度。它指人们相互表示敬重或友好的行为规范，主要表现在仪容仪表、言谈举止、待人处事等方面。

礼节是礼貌在语言、行为、仪态等方面的具体规定（规矩），是表示尊敬、祝颂、问候、致意、哀悼、慰问的惯用形式。礼节具有民族性、地域性、时代性、仪式性和相对独立性，如称呼、迎送、宴会、拜访等礼节。有礼有节既是传统美德，也是公务接待部门日常工作要求。

礼仪是在较大、较隆重的场合，为表示礼貌和尊重而举行的礼宾仪式（如欢迎仪式、签字仪式、剪彩仪式、授勋仪式、开幕式等）。礼仪通常由若干礼节（如介绍、握手、乘车、陪餐、会见、座谈等）构成。"礼仪"由"礼"和"仪"两部分组成，"礼"是内，"仪"是外，二者是统一的。"礼"是内容、制度、规定和原则；"仪"是"礼"的具体表现形式，以及一套系统而完整的程序。礼仪讲究"内外兼修"，也就是说，既讲"礼"又讲"仪"，缺一不可。

礼仪可分为政务礼仪、商务礼仪、涉外礼仪、外交礼仪等。内容大体上都离不开食宿、交通、迎送、陪同、会见、宴会、签约等。只是侧重点不同，本质上没有大的差异。

17. 什么是礼宾和礼宾接待

礼宾，是礼貌、礼节、礼仪在公务接待活动中的集成和体现。

礼宾接待，即以礼待宾、礼待宾客。指公务接待活动中按照政策制度规定和礼仪程序，进行相关活动安排和实施的过程。礼宾接待可分为内事礼宾接待与外事礼宾接待。

礼宾接待是中华文化和国家礼仪的重要组成部分，是党政机关公务活动最具礼仪特点的工作，属于官方礼仪范畴，具有政治性、政策性、庄严性、高端性、规范性、示范性和引领性。礼宾接待尺度的掌握应严格控制在中共中央办公厅、国务院办公厅有关规定之内，按照我国已形成的中国特色礼宾惯例、地方习惯做法等实际情况进行操作，切不可乱用。

礼宾礼仪是接待工作的重要表现形式，是公务活动仪式中所遵循的礼仪规范、行为准则、方法程序和形式安排。可以说，只要有公务活动，就有礼宾方面的组织和安排。每一项具体的礼宾工作做得是否到位，直接影响公务活动的效果或成功与否，直接影响接待工作服务于领导和领导机关工作大局的质量和水平。正式和有序是礼宾接待的重要特征。国内礼宾礼仪的基本功能可以表述为：礼宾礼仪是管理和服务公务活动的重要方式（形式）或手段。

礼宾礼仪文化具有鲜明的时代性。新时代礼宾礼仪是一种先进文化，更加注重形式和内容的高度统一，而非形式主义的东西。

18. 怎样做好突发性应急公务接待工作

突发性应急公务接待，是指接待部门在突然的情况下领受接待任务而进行的紧急接待与服务保障工作。

（1）应急公务接待的特点。

应急接待与日常接待具有相同的工作性质，但又有自己的特殊性。应急接待通常有以下特点：一是任务的突发性。应急接待留给接待单位准备的时间短，临场应变能力要求高。二是接待对象的不确定性。包括接待规格、接待人数、接待标准、民族风俗及生活习惯等都是不确定的。三是日程随机性。日程随时处于活动的发展变化中。四是任务紧迫性。

应急接待的突发性决定了应急接待具有时间上的不确定性、接待对象的复杂性、日程安排的随机性和工作上的紧迫性。例如，抗洪抢险、地震抢险、抗击疫情、处理重大安全事故、处理突发事件及其他重大专项工作的接待任务安排，通常根据实际工作需要确定。又如，中央八项规定实行以来，各级领导同志考察调研更加注重实效，直奔基层一线、直奔问题，随机调研日益增多。这类接待工作往往是任务急、时间紧、节奏快、点位多、安排密、常变动、常调整，要求接待人员从任务承接办理、领会精神、协调沟通、请示报告到跟踪落实，务必做到快速反应，临危不乱，遇事不慌，处变不惊，圆满完成任务。

应急接待对象通常既有亲临现场的党和国家领导人、国家部委负责同志、有关省市的负责人和工作人员，也有前来指导的专业技术人员和救援人员，接待人数、级别、性别、民族、批次、交通方式等时常处在变化之中。有时接待规模可能超出当地的接待能力。所以，接待部门制定重要紧急突发事项应急处置接待预案不同于制定日常公务接待活动方案。

（2）应急公务接待主要应做好的工作。

一是组织体系。发挥公务接待管理职能，建立应急接待工作响应机制，明确职责分工，落实操作规范，细化工作流程。必要时，把党的建设引入接待任务中，成立任务临时党支部，加强党对重要接待活动的领导。

二是保障措施。评估接待能力、整合接待力量、利用接待资源，为党委、政府处置突发事件做好接待服务保障工作。保障措施包括接待组织指挥保障、人员队伍保障、接待基地保障，以及其他接待保障事宜。

三是应急值班。实行 24 小时值班制度，随时待命，做好食宿、迎送、陪同、会议、交通等服务接待工作。

四是应急预案。启动应急预案，进入应急接待状态。对于风险环节多、风险高的公务活动，要提前做好应急演练和风险应对培训。一旦出现急难险重的接待任务，要做到快速反应，保障有力。

19. 如何提高防范化解公务接待工作重大风险的能力

习近平总书记指出，预判风险是防范风险的前提，把握风险走向是谋求战略主动的关键。要增强风险意识，下好先手棋、打好主动仗，做好随时应对各种风险挑战的准备。公务接待工作政治敏锐性强、责任重大，要求接待工作人员必须积极主动超前筹划、预判形势、分析客情、梳理需求、精心策划、科学布局、精准施策，防范化解接待工作的重大风险，提高应对急难险重接待任务的能力。应做好以下工作：

第一，提高思想认识。看不到、看不全、看不透接待工作中的风险就是最大的风险。必须立足接待工作实际，善于从政治和全局的高度认识面临的风险，始终保持如履薄冰的谨慎态度、居安思危的忧患意识，不断增强接待工作的全局性、系统性、预见性和政治自觉性。要深刻领会习近平总书记"用大概率思维应对小概率事件"的重要思想内涵，力争把风险化解在源头，不让接待服务风险演化为政治风险。

树立接待工作有风险没有及时发现是失职，发现风险没有及时提示和处置是渎职的服务理念。

第二，认真梳理风险点。实践证明，接待工作中风险无处不在、无时不有、复杂多样。要充分考虑各种特殊情况，加强对礼宾接待与服务保障工作的各个流程、各个环节、各个要素风险源的排查、评估和研判（高、中、低风险），制定相应工作预案，尽最大可能防范风险。如露天户外举办的重要大型活动，就要提前考虑特殊或极端天气影响，对场地安排要有多种预案，一旦生变，随时可以有效应对，化解危机，规避不测。

在接待工作中，想象力与执行力同样重要，对可能出现的情况、问题应有充分的估计和预判。凡是与接待任务相关的点位（考察点、餐厅、休息室、会议室、解说、车辆、时间等），宁可做到"备而不用"，也绝不可"用而无备"，做到关键时刻处事不惊，应变有法。

第三，严格把好接待服务工作的"关口"。如政策规定关、人员素质关、食品安全关、时间节点关、设备运行关、交通保障关、文字印刷关、礼宾礼节关等。

第二部分
重宾接待服务

20. 重宾接待值班室的主要工作有哪些

（1）负责来宾日常工作、生活的服务工作。

（2）负责陪餐活动的通知联络、迎送工作。

（3）负责来宾会客的礼宾礼仪工作。

（4）负责及时报告客人提出的服务需求并抓好落实工作。

（5）完成领导交办的其他工作事项。

21. 接待重要客团前期准备阶段的主要工作是什么

（1）掌握信息。准确掌握代表团名称，代表团团长姓名、单位、职务、民族、性别，随员名单，出发的地点、时间、交通工具（火车、飞机、轮船或汽车），抵达的地点与时间、来访目的、停留时间、生活习惯、涉密程度、接待原则、接待规格、来宾意向、联络员姓名和手机号码以及其他要求。

（2）前站踩点。根据任务预通知和工作分工进行前站踩点，组织有关部门相关人员，对拟制的考察内容、考察线路、行车里程、食宿安排、会议地点等重要内容作认真细致的实地勘察，并与有关单位进行沟通对接。

（3）拟订预案。内容主要包括来宾人员名单、日程安排、迎送安排、食宿安排、会议安排、会见座谈、交通安排、医疗保健、陪同领导与工作人员名单等。预案要求内容完整、时间准确、安排合理、简明扼要、行文规范。接待预案应与被接待方提前沟通，尽量满足来宾的合理要求，确因条件限制不能满足的要做好解释工作。

（4）任务分解。要根据主管领导同志签批意见，安排落实分解任务。按照接待方案上的内容，将每一个环节加以细化，逐项确定责任单位和责任人，列出任务分解表，明确完成任务的时限、标准、要求和注意事项。要及时将分解的任务通知相关单位，必要时提前召开协调会，布置落实分解任务，责任到岗到人。

（5）食宿安排。需要安排食宿时，按照来宾到达时间、生活习惯、住房要求、就餐方式、标准和活动需要，合理安排宾馆（酒店）。落实房源、房型、房号，餐厅和会场的名称、位置、面积、容纳人数等情况。根据接待规格和接待对象，按照规定对参加接待的餐饮和客房服务人员，提前提出相应的工作要求等。

（6）车辆安排。按照集中乘车的原则，严格控制随行车辆，对任务车辆做好车况检查、加油、保洁、物品配备等接待准备工作；对驾驶员进行行车安全、文明礼貌教育，提出工作要求。

（7）接站准备。按照规定，协调机场、车站做好接机或接车的准备。

（8）印制接待手册。

（9）根据接待方案要求，通知有关单位做好接待准备。

（10）根据任务需要，对参与任务的人员发放任务标识（如徽章、胸牌、证件等），任务结束后收回。

22. 做好重宾精准、精细服务需要掌握哪些要素信息

只有熟悉和了解来宾，才能更好地为来宾出差办公

提供精准化和精细化服务。

熟悉和了解重宾要客背景资料，要素信息主要包括姓名、性别、单位、职务、级别、称谓、年龄、性格、学历、籍贯、民族、分管工作、工作规律、个人阅历、教育背景、处事风格、兴趣爱好、荣誉成就、起居习惯（如每天作息时间，是否健身，运动爱好及项目等；起居室的物品、温度、光线、桌椅、床架、床垫、枕头、被褥、拖鞋质地及尺码等有时也要顾及）、饮食习惯（如有无偏好，有无忌口，口味取向、喝茶喜好）、卫生习惯、乘车习惯、时间观念、健康状况、宗教信仰，以及与本地往来情况等。据此，可在接待中有针对性地融入个性化元素，体现个性化设计安排。

有时，还需要向任务对象的工作地，或前期已考察过的有关单位了解情况，掌握第一手资料信息。

23. 落实接待任务客房需要注意哪些环节

客房安排是接待工作的重要组成部分。安排住宿要按规定执行，同时考虑任务性质、工作需要、生活习惯和来宾要求，为来宾提供休息、工作和活动便利。接待任务客房安排遵循以下基本原则：党和国家领导人安排住套间，省部级领导安排住普通套间（套房不够时，亦可安排住单间），司局级领导安排住单间或标间，处级以下安排住标准间。

重点把握以下环节。

（1）按照要求，落实房源。提前做好宾馆遴选和房间预订工作。

（2）及时与任务联络员对接，按来宾人员名单，分配住房。

（3）根据工作需要和来宾生活习惯，按规定提出客房布置要求。

（4）根据气候和环境变化，确定客房的温度、湿度。

（5）按照规定，提出办公用品的配置。

（6）根据任务要求，安装通信设备（提出安装位置和话机设置等要求）。

（7）对服务人员提出工作要求。

（8）严格控制任务工作用房。

（9）各项安排要符合中央精神。

24. 重宾接待任务客房如何布置

（1）来宾住房安排要征求上级机关意见，按照规定要求进行布置。做到温馨舒适、方便得体，有宾至如归的感觉。

（2）随员的房号和内线电话，一般用 A4 纸二号字打印好放在重宾床头、书桌和卫生间。

（3）房间用品均应符合接待要求和国家标准。

（4）书桌上，按需要摆放天气预报、报纸、地图、放大镜、办公用品、台灯、电脑、专线电话等常用物品，室温控制在 24℃ 为宜，通常座机电话设置为哑铃免打扰状态。

（5）重宾自备物品按其习惯要求摆放。

25. 宾馆检查重宾客房全要素服务内容有哪些

（1）检查房门是否完好，房间号牌是否端正、清洁、完好，门铃、门锁、指示灯是否正常（使用电池门锁，电量是否充足），安全疏散图是否端正、正确，门把上的物品是否按规范配置。

（2）接通所有电源插座，查看是否正常，是否配备足够的插座。（涉外活动应根据客源国电源标准，客房内配备相应的转换插座，并附使用说明，确保所有配备插座安全。配备相应的 USB 接口，方便手机充电。）

（3）打开所有光源开关，查看是否正常工作。

（4）查看壁橱是否完好，合页是否灵便，物品是否配备齐全且规范摆放。

（5）查看应急灯、电筒是否完好、清洁、正常工作。

（6）查看行李柜内外是否清洁、无印痕。

（7）查看所有镜面是否清洁、明亮。

（8）查看所有家具是否清洁、完好、无污渍。

（9）检查电视机工作是否正常，频道及音量是否按规定设置。（按顺序调试好电视频道并打好节目单。电视频道从中央一套开始按顺序调好；过塑节目单与遥控器一起放在茶几上。）

（10）查看垃圾桶内外是否清洁，是否符合环保要求。（任务期间对于重宾房间写有字的纸片、报纸等，不能当作垃圾进行处理，而应妥善整理；等级任务重宾房间的垃圾不能与普通垃圾混放，需进行专门处理或销毁。非腐坏类物品可等重宾离店后进行统一处理或销毁。）

（11）拉动窗帘绳，检查窗帘是否活动自如，清洁完好。

（12）查看房间内物品摆放是否符合规范。

（13）查看床铺是否符合标准，饱满、美观，床底是否有灰尘或客人遗留物品。床垫通常为硬质床垫；被子用丝绵被，夏天薄一点，冬天要厚；四个枕头，其中两个是荞麦枕头。重宾夫妇房间是否按居住习惯安排（是否分床或分房安排）。

（14）查看房间所有控制器及电话功能是否正常，是否无尘、无渍。

（15）检查空调是否使用正常。（客房工作间内配备静音的空气净化器、加湿器，以备所需。）

（16）检查吧台、杯具是否清洁无尘、无渍，物品配备是否齐全且规范摆放。

（17）查看小冰箱是否使用正常，有无积霜，是否清洁。

（18）查看穿衣镜、镜灯及台面是否清洁完好。

（19）查看墙壁与天花板是否洁净、无破损。

（20）检查地毯、地垫、地面是否清洁。

（21）检查房间的同时，注意家具铰链、纸、床旗、床裙、靠垫、沙发是否清洁、无破损。

（22）检查卫生间门及门锁是否完好。

（23）查看梳妆台是否清洁无污迹，物品配备是否齐全、规范。

（24）检查马桶是否清洁、工作正常。

（25）检查浴缸、瓷壁是否清洁、正常。

（26）查看人体秤是否清洁、完好，是否准确。

（27）查看卫生间地面、墙面、天花板是否洁净。检查卫生间设施是否完备，物品是否齐全、完好无损，室内有无异味，地板和浴缸是否防滑。做好防滑、防摔、防磕碰的工作。

（28）布拖鞋要根据季节配备；凉拖鞋要具有防滑效果。拖鞋大小，按要求配备。

（29）检查卫生间上、下水是否正常。

（30）检查房间内电话线路（按要求调好房内电话，只出不进）、无线网络是否畅通。重要任务根据要求安装呼叫按钮，按钮另一头呼叫器装在指定工作人员房间。

（31）检查会客厅布置是否符合要求。

（32）检查房间有无隐蔽摄像、摄影、录音或偷拍偷录装置。

（33）检查衣柜。睡衣（男、女式）、棉被、电熨斗、熨衣板是否按要求配备。

（34）检查受赠礼品、夜床用品、晚安致意品是否安全、卫生、完好。

（35）检查迎接所需的迎客茶点、水果等，事先确定摆放位置，并确保安全、卫生、完好。（所有客房食品、饮品均需事先制定方案，报相关部门联络人，不得随意增加，并按标准留样。）

（36）与相关部门联络人确认客房摆放书籍或报刊名称与内容是否合适（摆放的报刊、书籍有何要求），确认所有阅读物完整、崭新。

（37）与相关部门联络人确认，是否摆放欢迎名片。如需摆放，确保名片架美观、大气。

（38）检查客房棉织品。使用全新高纱织、高密度全棉棉织品，确保安全、整洁、舒适。

（39）检查房间内是否配备合适的衣帽架，衣柜里各类型衣架是否齐全。

（40）检查客房或楼层走廊内绿植、花艺或艺术品寓意是否与接待主题符合，摆放位置是否安全、美观，所有绿植、花艺是否新鲜，提前了解贵宾对花艺气味或花粉是否敏感，是否存在花卉使用禁忌。

26. 国内重要客团来宾如何称谓

公务接待活动中的称谓或称呼，是接待人员必须了解和掌握的一项极为重要的礼宾知识。恰当得体的称呼，既体现了对对方的尊敬或密切关系，也反映了自身的修养素质。称呼对了，被称呼人感到舒服，认为你有礼貌；称呼不对，则会使被称呼人感到不舒服甚至厌恶，造成接待服务工作的被动。国内重要客团来宾称谓或称呼，常用的大致有以下几种情况：

一是姓氏＋职务，如王书记、赵秘书（领导秘书无论年长与否，均可统称为秘书）。

二是等级任务服务对象，无论是否在职，通常一概称"首长"；有夫人随行的，首长夫人的称呼按随行人员对她的称呼进行称谓。

三是等级任务以外退下来的老同志，通常称为"某老"（也可称其在职时的最高职务，以示尊重，如高部长、刘主席）；对随行夫人可称"某阿姨""某大姐"。

另外，有时还可以使用职称性称呼，如张教授；学衔（学位）性称呼，如田博士等。对于某些特殊姓氏读音带来的歧义，称呼时也应特别注意。如姓"符""傅"

或者"付"的正职职位或者职称者，一般只称职位或职称，不在前面加姓氏，也就是不称"符市长""傅厅长""付教授"等。而对于姓"郑"的副职职位或职称者，在称呼时一般省略掉"副"字，如只称呼"郑处长"而不称呼"郑副处长"。如果一时忘了来宾姓名，也可以只称呼来宾的职务或只称呼来宾"领导"。（"领导"称谓不可滥用，应仅限于应急情况下使用，不能见谁都称"领导"。同时，对领导同志不准使用"老板""老总""老大"等庸俗称呼。）

27. 宾馆客房重宾接待礼仪服务需要注意哪些方面

（1）专人提供客房礼仪迎接、引领、问询服务。

（2）确定客房最佳迎接点、最佳引领服务流线。确保服务流线安全、畅通、完好。

（3）控制楼层迎接区域，避免无关人员闯入。

（4）合理安排客房服务人员，确保各服务时间点能够提供专人服务或专组服务。

（5）确保客房迎接人员精神饱满，制服整洁、挺括，仪容仪表仪态符合规范，能够体现宾馆形象。

（6）接待重要外宾时，应提前进行涉外服务礼仪、社交礼仪培训，能够熟练使用英语及客源国语言进行礼貌问候。避免礼仪禁忌或不恰当行为出现。

（7）有特殊宗教要求的，与随行人员或相关人员联系，准备相应物品。

（8）重宾房间未经批准不得擅入，如要会见或拜访，须与接待办工作人员联系，按程序办理。

28. 宾馆重宾房间棉织品配置一般有哪些要求

（1）配置高密度全棉棉织品，保证干净、整洁、无异味、无污渍。

（2）根据季节状况，调整棉被厚度，符合重宾习惯。

（3）毛巾、浴巾、方巾的柔软性好，吸水性强。

（4）多种功能的枕头配备齐全，可设置枕头菜单供重宾选择。

（5）拖鞋柔软，有防滑处理。

（6）如有要求，棉织品可从色彩（将单一的白色用品加入暖色调，或贵宾所喜好的颜色）、图形设计等方面与宾馆常规棉织品进行区别，为重宾提供专属棉织品。

29. 宾馆重宾客房卫生间如何布置

卫生洁具事先经过严格消毒，所有物品通常应为新品。

（1）棉制品。事先过水，熨平。

（2）浴缸。消毒后，水龙头要调试好（打开热水水龙头后，水温应在 15 秒内上升到 40℃以上）。浴缸前通常摆放木凳便于上下，凳上放置毛巾。浴缸内铺上防滑垫。

（3）洗面台。冷热水龙头要有明显标识。台面摆放矿泉水、小毛巾、香皂、抽纸、洗手液、牙膏、牙刷、护肤品（男、女式）、木梳、剃须刀、毛巾等。

（4）淋浴间。淋浴头喷水要大并均匀，水温不能忽高忽低，淋浴头管线长短要适中。防滑垫不能有异味。洗头膏、沐浴液、香皂、浴巾放在适当位置。

（5）马桶。马桶抽水功能要强，不要有异味。必要时，可使用一次性垫圈。

（6）地面。卫生间应作防滑处理，地面通常铺上网格状防滑垫（小块逐一拼装），防滑垫事先清洗去味。

（7）玻璃门。要横贴上红蓝条标识，红的代表是固定的，蓝的代表是可移动的。

（8）拖鞋（皮、棉、塑料）大小，按要求配备。

（9）浴巾、浴袍（男、女式），按要求配备。

（10）按规定要求配置其他用品。

30. 重宾接待书房如何布置

书房通常也是重宾要客出差办公的重要场所。不同等级的接待任务，有不同的服务保障工作要求和标准。

（1）书桌和椅子。根据房间大小摆放书桌和椅子，通常椅子为带扶手不摇晃木椅，椅子上按要求放置靠垫。

（2）电话机。电话机前摆放温馨提示卡片，卡片标明本机号码及使用方法。必要时单独制作一张卡片注明近身随员房号及联系方式。电话设置为哑铃，且只能打出不能打进。

（3）台灯。灯泡以 60～80 瓦为宜，台灯开关要灵敏，开关固定位置要美观、方便。

（4）文房四宝。按照要求配备。通常配有宣纸、徽墨（墨汁）、毛笔（大、中、小楷）、笔架、砚台、毛毡、印泥、水盅（用于稀释墨汁），要摆放整齐、美观。

（5）报纸、地图和天气预报。《人民日报》、《参考消息》、地方报纸；省、市地图；气象部门提供下榻期间天气情况。

（6）办公文具和书柜。笔筒、红黑铅笔、签字笔、橡皮、剪刀、尺子，有关省、市情况的图书，装饰用工艺品等。

（7）抽纸、纸篓。

（8）绿色植物。

（9）房间温度。控制在 23℃～24℃为宜。

（10）电脑、打字机。

31. 重宾接待餐厅检查的主要内容有哪些

（1）查看餐厅布置、主桌设计和环境氛围是否符合活动主题。

（2）检查餐厅设施、设备是否符合要求。包括照明、音响、电视、空调、餐桌、餐椅、餐具、备餐台、衣架，以及传菜进出门是否使用屏风遮挡美化等。

（3）检查餐厅是否按就餐人数、方式、标准、时间和有关要求进行操作。

（4）检查围边（裙边）是否规范，桌布、餐巾布、方巾等是否熨烫，色彩搭配是否合理。餐桌、座椅是否牢固平稳（桌椅脚腿要平，不能摇晃），所有座位是否避开桌腿，宾主之间距离是否合适，摆放的桌牌号是否正确。

（5）检查室内外卫生是否达标。做到无蜘蛛网、蚊蝇，无异味，保持餐厅空气新鲜、流畅，排气性能良好。

（6）调试厅内电视频道，备好电视节目单。

（7）检查餐具、菜单、席位签（席卡）、手边名单摆放是否符合规范，整齐划一。餐具是否统一、美观、无损、干净。

（8）检查席位安排平面图纸和图版制作是否有专人发放和摆放。

（9）检查来宾特殊习惯和有关要求落实情况。

32. 接待人员迎接重宾时的主要工作有哪些

（1）准确了解重宾乘坐飞机航班、火车车次，车队抵达时间，停留的位置，并及时掌握情况变化。

（2）通报迎接领导和有关部门，并确定集合时间、地点、乘车安排、出发时间。

（3）通知机场（车站）接机（接站）时间和航班号（车次）、接机（接站）车辆和车号、贵宾室使用情况等，做好迎接准备。

（4）派专人提前去机场或车站办理免检、签票、领取行李和使用贵宾室、要客通道、通行证件等有关手续。

（5）安排专门行李员和行李车，负责领取重宾一行的行李。

（6）发放日程安排手册（含食宿、乘车安排）至每位客人。

（7）重宾抵达住地时，宾馆要有适当的工作人员列队迎候，并将重宾引领至卧室。

33. 重宾接待行李提取时的主要工作有哪些

（1）提前主动与对方负责行李的工作人员联系对接，了解行李数量及转运要求。

（2）安排专人负责行李提取，并清点行李件数，通知宾馆做好行李入房准备。必要时，应安排行李车。

（3）搬运行李物品要轻拿轻放，防损防碎。

（4）配合重宾工作人员，将重宾行李整理到位。

（5）对照行李牌和住房卡，将其他来宾行李送至房间。

34. 重宾接待行李托运时的主要工作有哪些

（1）确定行李工作责任人，专人专车负责（包括行李卡的制作，行李的收集、运送、安检等）。

（2）确定行李统一集中时间、地点。

（3）统一配挂行李牌（行李卡），提前做好安检工作。

（4）统计行李件数，将小件行李整理归类，松散行李重新打包。

（5）通知机场、车站接待部门，提前做好安检、免检、包装等工作。

（6）送站时，应提前主动与对方负责行李的工作人员联系对接收集行李，了解行李数量及转运要求，备好行李车和行李员。

（7）提前两个半小时到机场（车站）办理安检、托运手续，行李接收、转运、托运时都要逐一登记核对，确保无遗漏、无丢失、无差错。

35. 重要会议（会见）活动前的礼宾礼仪检查工作主要有哪些

重宾出席会议、参加会见活动前，接待人员应提前走场，与承办单位对接，了解车队上下车位置，掌握进入会场线路和领导休息厅、会见厅、主会场位置，核对参会领导名单、礼宾次序、席位座次，以及会见流程是否正确、着装是否符合要求等（一般礼节性仪式感较强的会议会见应着正装，穿西装打领带；工作性会议座谈可穿夹克衫休闲装，穿西装时通常不打领带）。确认迎接人员、引领人员、服务人员。

室内检查的内容主要包括：

（1）检查厅内会见台形，检查沙发、茶几、椅子、屏风等是否摆放到位。

（2）调试话筒、音响，检查会场温度、灯光。

（3）检查饮品、茶具、茶叶、托盘、毛巾碟、扶手巾、沙发靠垫准备是否到位，所有物品是否按会见台形依次摆放。

36. 重宾接待活动中的生活服务组如何组成

重宾接待活动中的生活服务工作是接待工作极为重要的组成部分，所成立的"生活服务组"一般由接待部门牵头负责，根据任务需要通常组成部门有食药监管、卫生防疫、医疗保健、宾馆（酒店）等部门和单位。

主要职责：负责任务活动生活服务保障工作。包括客房划分、餐饮安排、食品检疫、医疗保健、车辆安排、行李运送和收集、专机或专列人员接待安排，以及房间生活用品的配备等工作。

37. 客团住房分配容易出现差错的地方主要有哪些

（1）姓名出错。

（2）性别出错。

（3）礼宾次序出错。

（4）单间双住。

（5）房间不足。

（6）房号出错。

（7）要客客房所处位置不佳。（如将重宾要客安排在电梯口、楼梯口、厨房排风机口附近，临街、临公路、临铁路等噪声较大或方位朝向不佳的房间。）

第三部分
前站（先遣）工作

38. 前站人员如何组成

一般情况下，前站人员以接待部门（党委、政府负责接待的副秘书长或接待办主任、副主任带队）为主，党委办、政府办、新闻、警卫以及其他有关业务部门和活动所在地的接待人员参加。重要接待任务通常由秘书长亲自带领，现场看点、勘察路线，检查布置工作。

参加打前站的人员要求具有较高的综合素质和组织协调与沟通联络的能力，有强烈的责任意识，有扎实的政策功底和过硬的业务素质、专业水平。

39. 前站踩点主要任务是什么

（1）视情况对当地领导和接待部门通报本次任务的有关信息，并提出具体要求，交代注意事项，征询是否有需要解决的问题。

（2）查看计划到访场所，对考察点、参观点等点位的情况进行实地摸底。

按照任务批件要求或接待方案预定的日程安排和活动内容，沿活动路线实地进行踩点、走线、勘察。重点检查沿途环境、道路交通、食宿地点、安保条件、考察点和参观点的内外环境。落实会见、会谈、汇报、交流、座谈、就餐、考察项目、地陪领导、迎送站位以及会场的布置、礼宾规格的体现、活动进行的程序、所需设备物品、记者和摄影人员的位置安排、来宾的宗教信仰和宗教活动及饮食禁忌和喜好等工作的准备情况，以问题为导向，逐项检查，堵塞漏洞，严格把关。

（3）对来宾下榻的宾馆、酒店，进行入住前的全面细致检查，包括环境、安保（监控）、楼层、朝向、房型、房间设施、内部物品的配备及摆放、温度调节、餐厅设备和有关活动地点等。

40. 如何区分前站工作中的"大前站"和"小前站"

前站分"大前站"和"小前站"。

"大前站"通常是指重要或重大接待任务活动前期，由接待、警卫等部门组成先遣组，对此次任务所进行的一系列全面的、系统的实地勘察、调查研究、综合协调的组织活动，是整个任务极为重要的基础性工作。

"小前站"通常是指在整个接待任务活动中，为完成某个单项活动而先期到达点位所进行的活动跟踪、督导检查、任务衔接、人员对接等动态性工作，是确保任务实施的重要环节。

一般情况下，小前站（先遣）人员至少提前 30 分钟先于主车队到达指定地点，对现场准备情况进行再检查、再落实和再验收，对安排不到位、准备不充分的环节进行督促完善。同时，要做好对考察点沿途及现场动态情况的报告和处置工作。遇到突发情况，要果断采取措施，确保主车队到达前处理完毕。另外，如遇出发时间临时调整或增减考察项目等情况，要及时通知陪同领导、有关单位和点位迎候领导。

（重要团组赴外地学习考察工作时，通常也会派出先遣组，与对方商谈考察内容、日程安排、礼仪安排、食宿交通安排等有关事宜。）

41. 重宾接待前站踩点工作的主要流程是什么

重要接待任务或大型接待活动往往会派出先遣组，组成工作团队，先期对接待活动中的相关内容予以介入，进行"点、线、面"实地调研，现场察看，督查指导，掌握第一手情况。从形式上讲，这种前站（先遣）工作实质是一种调查研究、布置任务、动态管理、全程跟进、督导落实的上下级工作。

（1）遴选点位。接到任务后，接待部门会同警卫部门进行前站踩点，遴选并推荐符合视察主题要求的视察路线和备选考察点位。

（2）实地察看。现场了解接待单位的接待条件、接待能力是否满足接待要求，对各点位有利条件和不利因素进行评估。将初步确定的视察路线和备选考察点位提交上级部门进行进一步确认。

（3）提供草案。规划行车路线、考察线路，提出接待安排、活动日程建议方案。

（4）落实细节。对现场准备进行部署，对迎候、讲解、考察形式、抵离上下车位、现场服务、人员管理、安全等提出工作要求，对不成熟的地方提出改进意见。任务开始前，接待、警卫部门会同上级有关部门对路线进行最后检查。

（5）纪律要求。不得为迎接考察进行专门装修布置。不得限制、停止正常的生产经营活动。不搞事先设计，不搞提前导演，更不得弄虚作假、搞形式主义。

42. 选择考察点的基本要求是什么

（1）掌握任务内容、主题和目的要求。如考察什么产业，内容侧重什么，听不听汇报，现场讲不讲话，开不开座谈会等。理解吃透要求后，根据停留时间筛选推荐出合适的、成熟的、具有代表性的、符合主题和任务要求的考察点。

（2）现场了解接待单位的接待能力和接待条件，包括食宿、服务、卫生（洗手间）、通信、网络、治安、里程、路况、海拔等要素，对其进行综合评价。科学规划、合理设计考察路线、时间、内容、地点。根据任务主题、接待要求和实际情况提出活动日程建议方案。做到日程科学、路线合理、操作性强。

（3）现场准备工作部署。对迎送、陪同（陪车）、讲解（包括备讲人）、考察形式（现场实地考察、观看宣传片或模型、展板等）、抵离地点、行进路线（人数较多的代表团来访，应在参观现场的主要路口摆放行走路线指示牌，并安排专人引领）、上下车位、何处进入、何处离场、现场服务、人员掌控、活动秩序、安全保卫、着装等提出工作要求，对公务接待任务实施管理职能。

（4）非工作需要，不得安排来宾到名胜古迹、风景区进行考察调研等活动。

43. 前站踩点资料收集主要包括哪些内容

（1）收集接待单位概况（包括有关场地纸质或电子版平面图）。

（2）收集考察点迎候人员及讲解人员基本情况。

（3）收集任务单位接待负责人、工作人员名单及联系电话。

（4）收集各接待场所的分布、容量、设施及道路交通数据资料信息，包括礼堂、餐厅、客房、会议室和主席台等场地平面图。

44. 前站工作应把握的几个重要环节

（1）加强沟通。与上级先遣组人员保持密切联系，掌握任务信息，做好联络服务工作。

（2）积极配合。重要任务前站工作以上级机关先遣组为主，下级机关为辅。下级机关要服从和满足上级机关先遣组的工作要求。既要认真抓好落实，又要当好参谋助手，提出合理化建议。

（3）做好记录。下级前站人员要边看边记，边听边记，把上级先遣组提出的细节要求和点位数据全面详细、准确无误地听清记全。对拿不准的问题要及时请示报告，不自作主张。

（4）注意保密。先期前站中，备选点位、任务时间、日程安排、活动内容虽然处于酝酿待定状态，但等级任务已经受理，便处于保密时期。要严格遵守接待纪律，牢固树立"接待无小事"的保密意识。

45. 如何做好地方党政考察团的前站（先遣）工作

前站工作也经常用于各地接待部门随党政考察团（代表团）外出考察学习活动。这种形式的前站（先遣）任务一般是在同级机构或单位和部门之间进行，属于协商性质。通常考察团成行之前，各地党委、政府都会以办公厅（室）的名义向对方发出公函，并由接待主管部门和相关单位人员组成先遣组（重大活动成立先遣团，先期进驻）打前站，与对方商议或对接考察活动的有关事宜，并将考察活动的设想（接待安排及考察提纲）以文字材料形式提供给对方，会同对方制定详细日程和接待方案，落实各项活动细节。党政考察团出访活动时的前站工作，主要包括以下内容。

（1）确定考察团的性质。考察团是党政代表团还是政府考察团，抑或是专业考察团，如×××农业考察团等。

（2）协商来访日期。由于双方领导同志都很忙，因而考察时间往往需要提前商定。考察时间安排最好少占用对方的双休日、节假日。

（3）确定考察团人员名单。向对方提供考察团人员名单，包括人员姓名、职务、排序、性别、民族等信息。考察团人员名单的礼宾次序排列主要有两种情况：一是按照职务级别、机构序列、部门位次进行综合统筹排序；二是依据出访目的、性质、任务有所侧重，区别排序。根据考察活动需要，关联度高者或者牵头部门往前排，其他单位按惯例排列。采取何种排法，应根据工作需要而定。

（4）协商日程安排。协商和敲定日程安排是考察工作的重点，包括迎送、会见、座谈、考察项目、陪餐、观礼、签约、记者会等事项。要实地察看和了解有关活动现场及出入口、周边环境、行进路线等情况。考察项目安排要紧凑，行走路线尽量避免重复。

（5）协商食宿、交通安排。食宿安排包括下榻宾馆、客房及餐厅预订、住宿标准、就餐标准、就餐形式、结算方式，以及所需楼层客房平面图等；交通安排包括考察团活动用车、工作用车和临时接送用车等。

考察团成员中如有人在饮食方面有特殊要求，也应提前和对方进行沟通。

（6）协商礼仪安排。

46. 如何协商地方党政考察团互访时的礼宾礼仪工作

"任务未动，接待先行"，按照惯例，较高层次的考察交流互访活动，通常主、客双方都会就接待方式的很多细节提前进行磋商和工作对接，如接站、迎送、陪同、会见、座谈、工作餐会、领导陪餐、车辆、食宿等。对双方由什么人出面迎送及出席会见、会谈、座谈，采用怎样的礼宾程序，着装要求，双方领导是否讲话等事宜进行沟通。如果两地双方有物品交换，应事先了解时间、地点、场合、程序、物品名称及尺寸，并备好摆放、展示、交换双方物品的可移动桌台推车。

礼遇是公务接待的重要组成部分，有礼有节，热情周到地给予对方必要的礼遇，既是制度规定，又是礼仪要求。在同级接待服务中，礼遇通常是对等互予的，双方接待部门通常会在迎接送行、食宿安排、活动安排、交通工具、接待信息、工作协调等方面进行协商。接待方应在规定范围内秉持优容态度，尽可能为对方提供工作和生活方便，实行接待资源共享。

前站人员须与对方协商的接待事宜中，接待规格是一项重要内容。一般来说，接待规格高低主要表现在日程安排、活动内容、项目选择、出面领导等方面。接待规格反映主人对来宾的重视程度，对考察活动起着十分重要的作用。

礼宾礼仪是一种潜在的资本和手段，恰当合理地运用礼仪技巧，可以促使对方提升重视程度。如运用工作性或礼节性的拜会、拜访，由职务级别低的拜会、拜访职务级别高的（拜会、拜访可以是个体，也可以是集体）就是一种不错的选择。

在前站工作磋商中，作为主方，在条件允许的情况下应主随客便，尽量满足客方的意愿、想法和要求。要理解前站人员的心情和期待，如一些成熟的考察路线、考察点、参观点，前站人员如果提出来要实地再看一下，一般应予以满足。对来访客人的民族传统和生活习惯予以尊重，必要时进行特殊安排。作为客方，要入乡随俗，客随主便，尊重主方对相关活动的合理安排，不提过分的要求，不提办不到的事情。既不强加于人，也不强人所难。不论是"客随主便"，还是"主随客便"，都要尊重对方，尽可能地多为对方着想。作为接待同行，彼此之间更应该互联互通、互通有无、互惠互利、资源共享、优势互补，树立"天下接待是一家"的大接待格局和理念。例如，日程安排以东道主为主，但拟制时也要充分考虑来宾的愿望和要求，共同协商。

另外，招商引资同样离不开礼宾接待工作的支持与配合，礼宾接待工作已经成为招商引资不可或缺的重要组成部分。现在各地接待部门经常外出参与异地大型推介招商活动，实施接待工作的全流程、全要素延伸服务。这类活动的前站及礼宾接待与服务保障工作，就内容来讲与前述两项大同小异，但受工作条件、工作环境、接待资源等方面的局限，异地接待、延伸服务也是非常具有挑战性的工作。原则上，只要工作需要，公务活动开展到哪里，公务接待服务就延伸到哪里。

第四部分
大型活动运作

47. 大型活动接待的组织实施一般分为哪几个阶段

大型活动接待的组织实施分为五个阶段：

（1）组织策划（前期准备）阶段。

（2）演练操作（方案完善）阶段。

（3）组织实施（全面落实）阶段。

（4）实战阶段。

（5）总结评价阶段。

48. 什么是大型活动接待总体方案及分类方案

制定接待总体方案及分类方案是确保大型活动举办成功的一项重要举措，也是行之有效的工作方法。

大型活动接待总体方案：通过总体方案明确指导思想、工作原则、组织领导、规格规模、日程议程、职责任务等事宜，在整个活动中起到提纲挈领、纲举目张的作用。如《第×届全国运动会接待工作总体方案》。

大型活动接待分类方案：指某一方面的工作方案，主要突出工作针对性和操作性，是对总体方案的贯彻落实。如《重要宾客、代表团、观摩团接待方案》《重要宾客、代表团、观摩团迎送方案》《交通保障方案》《医疗救护保障方案》《重要宾客、代表团、观摩团住宿、车辆安排方案》《各代表团、观摩团对口陪同安排方案》《接待经费预算方案》等一揽子方案。

根据工作需要，分类方案还可以细分为若干个子方案。

49. 大型活动如何统筹宾馆（酒店）的组织接待服务工作

（1）成立住地接待服务临时指挥部（办公室或接待组）。

（2）召开住地联络员与接待酒店的对接会议。

（3）制定住地接待服务保障工作方案。

（4）明确派驻酒店联络员工作职责、工作流程和工作进度安排。

（5）各接待酒店建立任务接待领导机制。

（6）指导各接待酒店制定并细化礼宾及环境布置方案、餐饮方案、要客服务方案、员工培训方案、安全保卫方案、个性化服务方案和突发事件应急预案等。

（承接重大或重要接待活动的宾馆酒店，筹备期间的工作流程通常是接受任务、考察学习、服务培训、制定方案、完善硬件、实景演练等。）

50. 接待大型客团参观考察的基本流程是什么

（1）下发任务通知。将有关情况告知接待单位，如考察团名称、人数、主要领导姓名和职务、目的、陪同领导及人数、抵离（停留）时间、车辆的数量等。

（2）按照要求，落实考察单位参加迎送、陪同人员。

（3）确认迎送时间地点。通常参观考察点有关负责人应提前15分钟左右到达预定地点迎候。

（4）确认参观行走路线。参观考察接待单位应根据现场的环境、参观考察的需要等实际情况选择路线，尽量避免走"回头路"。必要时应设置路线指示牌并安排专人照料。活动范围较大、线路较长、人数较多时，礼宾接待人员应事前分工并安排专人分别负责引领、收尾和清点人数工作。对要分散活动的参观项目，应事先告知来宾集合的时间和地点。

（5）提出具体要求。为了确保参观考察任务的顺利实施，接待主管部门要对接待单位的接待工作提出明确要求。例如，对场地的布置（包括会议室、洗手间等）有何要求，是否需要负责人介绍情况或观看宣传片、沙盘模型，是否需要书面资料，是否需要签名留念，是否需要准备宣传品，等等。对于一些不宜公开的参观项目（如车间、产品、工序等）应提醒接待单位做好保密工作。对于座谈项目，应将座谈的内容或提纲提前告知与会单位，明确座谈时间和地点，落实与会人员的人数、姓名和职务，等等。

（6）参观考察活动应按照已定的活动日程的安排进行，不随意更改活动项目或延长时间。

（7）大型参观考察团的活动中，如到出发时间还有个别来宾未到，为避免让主宾久等，在征询客方同意后，车队可按时出发（安排有关接待人员和机动车辆留守等待遗留客人）。

51. 如何认识礼宾接待在大型活动中的意义及作用

根据国家发展战略和整体布局的需要，大量的全国性、国际性的重要和重大活动相继在全国各地举办，其中许多是区域性、全球性、世界级的国际知名品牌会议、会展、论坛、峰会、赛事等多边活动。其间，通常会有国事活动。由于国事活动属于国家层面，体现国家意志，规模大、规格高、影响广、场次密、要求严格、礼仪讲究，因而备受当地党委、政府的重视，往往是举全省、全市之力组建强大的礼宾接待与服务保障团队予以承办。举办如此高规格的活动，对于地方来说，是党中央、国务院交办的政治任务，饱含着中央领导同志的信任、厚望和嘱托，是一项光荣的政治担当，负有崇高的国家责任和历史使命。同时，也为活动举办地扬名国际社会、展示发展成果（能力、实力）、宣传发展优势、营造投资环境、放大办会效应、升级城市形象和品位、促进接待服务标准化建设、提升国际化水平提供了难得的历史机遇。

各地接待部门在这些重要和重大活动中处于关键位置，主要工作就是礼宾接待与服务保障。礼宾接待与服务保障工作贯穿整个活动始终，对活动的成败起着至关重要的作用。通过多年来的接待工作实践，许多地方接待部门已经形成了一套符合中国国情，具有地方特点，同时又接轨国际的重大活动礼宾接待与服务保障的做法和"接待模式"。

对于重大、重要活动的礼宾接待与服务保障工作，接待部门要坚持从党和国家事业发展的大局出发，找准自己的工作定位，提升做好工作的荣誉感、责任感和使命感，按照"精益求精"的工作要求和"万无一失"的工作目标，以最坚决的态度、最周密的筹划、最高的标准、最严格的要求和最好的状态实施各项筹备工作，争取社会效益的最大化，"办好一次会，搞活一座城"。

52. 举办大型国际活动的组织架构是怎样的

通常实行四级筹备机制：

（1）中央的领导小组（中筹委作为整个活动的领导或指导机构）。

（2）部际协调机制（由相关部委和地方政府的负责人组成，主要任务是协调中央与地方、部门之间的工作联系，具体工作由其设立的秘书处负责）。

（3）以省（活动举办地）为主的具体筹备机构（秘书处、组委会、博览局、展览局、园博局等），下设会务、礼宾、新闻、安全、交通、后勤等小组（或部）。

（4）活动承办市成立的，与省里相对应的活动筹备机构。

53. 地方政府承办重大涉外活动的工作机制是怎样的

承办重大涉外活动（包括会议、论坛、峰会、展会、博览会、赛事等），要有"世界眼光、国际标准、中国特色、高点站位"，通常在组织上由党中央、国务院直接领导（中共中央办公厅、国务院办公厅直接组织，地方的任务是做好协助和配合工作，参与有关礼宾接待事宜）。其中礼宾工作分工如下：中方领导人由中办、国办负责，外方领导人由外交部负责。国家筹委会由国务院多个部门参加，如外交部、公安部等。筹备期间地方政府的工作机制是在国家筹委会的领导下"省市联动、以省为主、市里落实"（有些活动还需要签订承办协议）。

为此，举办地的省级政府需要成立与上级筹委会相对应、相衔接的筹备工作领导小组和工作机构；举办地的市级政府成立与省里相对应、相衔接的筹备工作领导小组和工作机构。市级领导小组和工作机构的负责人同时兼任省级领导小组和工作机构的副职。领导小组设立若干个工作组，通常设有综合保障组、礼宾接待组、安全保卫组、新闻宣传组、文艺演出组、经贸论坛组、环境整治组、工程项目组、志愿者组、交通保障组、医疗和卫生保障组、社会稳定组、会场驻地组等。

与此配套的是，共建联络员工作机制，从上到下每个层级（国家、省、市、县）分别设立联络员（或称接待秘书）工作团队，各层级联络员工作团队根据客情组成若干个礼宾接待小组（由上一级联络员、下一级联络员和本级联络员组成）。每个礼宾接待小组设有主联络员、副联络员和助理联络员，负责所承担任务的上下左右内外的联络联系、工作分工、请示汇报、协调对接和专人专团服务照料工作（重要客人实行"一人一团队"礼宾接待小组重点服务，一般采用"1＋1＋2＋2＋1"模式，即陪同领导 1 名、联络员 1 名、志愿者 2 名、保障车辆 2 台和酒店联络员 1 名，并制定专项单体接待方案；日常接待中的重要团组往往规模不大，但是任务重要，事关全局，通常也要成立工作专班，根据工作需要分别可下设综合协调、接待保障、酒店服务等若干个小组）。

各联络员工作团队的构成如下：本团队承担任务所涉及的相关方、相关单位和相关人员（包括纵向的、横向的）。如省级联络员工作团队的构成是省直机关有关单位、有关高校、有关地市接待办（外办）等。

由部、省共同主办的大型节会活动，礼宾接待服务工作通常是由当地省或市接待办或外办总指挥（根据需要设立总指挥部、区域指挥部、重点现场指挥部，以及专项活动总指挥，如宴会总指挥、迎送总指挥、会场总指挥、会见会谈总指挥等，并根据需要成立若干个专项工作小组，制定任务分工、岗位职责、工作标准、操作流程）、总牵头、总调度，并负责管理和指导整个活动的礼宾接待与服务保障工作。

（一些大型活动，往往是统筹党政机关各部门，对各代表团实行接待陪同团制。也就是由一个部门全面负责一个代表团活动期间的日程安排、礼宾接待和服务保障等项工作。）

国内举办的重大或重要国际活动，是一个极其庞大的系统工程，具有极强的政治性、政策性、专业性。既要统一领导、分工负责，又要统筹协调、相互配合，用高效有序的组织体系和运行机制做保障，通过加强制度建设、工作规范，以提升对整体活动全域的领导力和执行力，表现出与任务相匹配的接待水准（包括酒店的招标或遴选和价格协调、接待车辆。通常由组委会签订接待酒店协议，根据协议内容保留预订会议室、工作间；接待车辆由组委会统一租用社会专业租车机构车辆，各代表团无偿或有偿使用）。

为了实现大型接待活动调度指挥运行的场景化，常规做法是将接待活动各类要素按照时间、空间、流线进行制图，运用电子沙盘多维度、多视角、全方位、立体化进行推演，实现在一张图上精确调度指挥。除此以外，也有将大型活动纳入项目管理，实行"工作项目化，项目清单化，清单流程化，流程责任化，责任到人（部门、单位），限时办结"的运作模式。

54. 执行大型接待任务常用工作用品主要有哪些

主要包括菜单、曲目单、节目单、讲话稿、主持词、现场布局平面图、站位图、座位图、展示图、席次表、席位签、测距仪（卷尺）、记录本、签字笔、粗水笔、修改液、笔记本电脑、打印机、手机、通讯录、照相机、活动证件、胸卡标识等必备工具用品。对上述用品的携带、分发、摆放、保管、调试（音响）等项工作要严格落实。

55. 大型活动礼宾接待的功能区通常有哪些

重大或重要涉外礼宾接待活动，通常绘制活动场地详细平面图（场景设计），将活动场地划分为若干个功能区域。如迎宾区（接待大厅内外或大楼门前）、会议区（主会场、会谈、会见等）、宴会区、茶歇区、就餐区（包括参会客人就餐区、听会客人就餐区、公务工作人员用餐区、工作人员用餐区、新闻中心工作人员用餐区、志愿者用餐区、清真餐区等区域）、休息区、合影区、记者区、展示区、咨询区、下榻区、停车区、工作间、内场与外场等。不同的活动有不同的要求（有些活动场所是由参会方提供室内布局图，由主办方负责布置）。

接待穆斯林客人的酒店应设置单独厨房、专门厨师和单独用餐区域。

56. 检查落实重要会议服务保障工作的主要内容是什么

一是检查落实会议接待礼宾礼仪安排。主要内容包括检查落实会议名称、性质、时间、地点、人数、会议类型、摆台形式、主办单位、会议级别、与会领导、特别要求、迎宾、迎送、引领、路线、电梯，以及场内各个区域服务人员配置等情况。

二是检查落实会议接待服务保障安排。主要内容包括灯光、温度、空气、噪声、布局、风格、用具物品（包括桌椅、台布台裙及色彩、席位签、茶杯、水杯、杯垫、茶叶、保温壶、备餐茶台、矿泉水、小毛巾、文件夹、笔、纸、话筒、同传耳机、幻灯机、投影仪、音响、电源、花草绿植、讲台），以及洗手间卫生及物品等。

57. 重要会议活动服务保障工作中需要注意哪些细节要求

（1）会议用矿泉水需要标识完好，密封完好（上瓶装水时，要配置直筒纸盖玻璃水杯和杯垫）；会议用纸需要平整干净；会议用笔笔尖朝前摆放，铅笔削尖不断芯，签字笔下水流畅；水杯和茶杯无缺口，无裂缝，无茶渍、水渍。所有桌上用品进行吊线摆放（亦可采用桌面用品摆台定位装置摆放），横看、竖看、侧（斜）看均为直线，整齐划一。

（2）主席台前如需要摆放花草绿植，高度不能超过50厘米，且生机盎然。

（3）讲台通常设在主席台面向观众席的右侧。讲台花尽量为流苏形状，避免遮挡发言人。鹅颈麦高度需要适中。必要时需要摆放纸笔、水杯、矿泉水。

（4）检查室内灯光在不同挡位是否正常，保证无暗点区域和不工作灯泡。

（5）检查室内温度是否符合国家标准，通常室温为23℃～24℃（其中包括重要贵宾的喜好温度）。

（6）贵宾室茶水需要提前 20 分钟冲泡并滤掉茶叶，当贵宾进入贵宾室，先倒茶（亦可以提前倒好不同温度的茶水，以满足不同的需求。同时还应保证有多位贵宾在场时的"一对一"同时同步茶水服务或咖啡服务），后上小毛巾（冬天热毛巾，夏天冷毛巾），提供的小毛巾保证无异味和无刺激性气味，避免毛巾过湿。

（7）当客人谈论重要事情或者私事时，接待服务人员应暂时避让，保持一定距离，以第一时间提供服务距离为好。等待服务时勤观察，不走动，不交谈。

（8）主席台服务，在贵宾进入主会场前 5 分钟，倒好所有的茶水，上好所有的毛巾；有专人引领、专人拉椅让座（完成此环节后迅速离开主席台）。会议期间每隔15～20 分钟为贵宾添加一次茶水；每隔两小时更换一次茶杯。有些重要涉密会议或为了会场秩序的需要，不安排服务人员续水时，可考虑对最主要领导同志实行"双茶杯"茶水服务。

（9）准备好专用电梯，并由专职司梯人员为重宾要客进行电梯礼仪服务。必要时电梯维修专业技术人员也应该在场，以应对突发事件。

（10）茶杯杯把与客人右手应为 45°角，以方便来宾手持茶杯。

（11）检查麦克、同传、电源等是否正常。重要活动所有设备实行双备份或三备份系统配置，并配备专业音响师若干名。一旦主系统突然出现故障，另一系统要能在一秒钟内立即启用，避免出现断话、丢话情况。

（12）配备电子呼叫器。会议桌上配置摆放电子呼叫器，重宾可随时呼叫随从人员。随从人员配有手环，可接受呼叫信号。

（13）如无特别要求（包括任务需要提前清场、全封闭或部分封闭），接待服务标准原则上按酒店国标规范。

（14）检查贵宾休息室（沙发、茶几通常为 U 形摆放，台形图有时由有关方面提供，并按要求确定数量、款式、颜色，检查沙发质量，保证无破损、无开线，沙发以及沙发巾整洁干净。除夏天以外，需配衣架）和有关卫生场所（卫生间是否洁净）。如果贵宾室提供水果点心服务，需要准备餐具。

（15）迎宾人员提前 30 分钟在会议室门口迎候，设专人领位让座；引领时需要和贵宾保持 1～2 米的距离在前面引领，在弯角处需要提前示意，并加以手势指向；提前查看贵宾行走路线，确保干净、整齐、无障碍。

（16）确保席位签正确、规范、无误。

（17）台布、台裙及色彩。要求熨烫，台裙无褶皱、台布无折痕。

（18）检查座椅是否舒适、干净、坚固、无晃动，椅套颜色是否搭配。

（19）检查会场内外卫生情况，包括空气质量、噪声等。

（20）不同任务，会议布置有不同的场景要求。如巡视组工作会议室，有时要布置谈话室，谈话室的布置就要根据谈话对象的级别、人数进行不断调整改变。

58. 筹备大型重要活动时"两案两表一单"指的是什么

为了确保大型重要活动各项筹备工作有章可循、依序开展，活动筹备阶段，把大型重要活动筹备作为系统工程操作，按照"点、线、面"结合的原则，采取"模块化工作法"和"标准化作业单"，对任务系统梳理流程，制定"两案两表一单"的工作模块模式，即工作方案、应急预案、倒排工期表、沟通联络表、任务清单。

59. 大型活动接待联络员的主要工作是什么

实行联络员制度是做好大型活动礼宾接待服务保障工作行之有效的工作方法，也是举办此类活动的惯例。

（1）确保所联络的代表团贵宾要客及随员顺利参加东道主举办的重要活动，以及会议安排的有关活动，并引领送达活动现场。

（2）协助代表团解决在会议活动期间的住房、交通、证件、饮食、出行、礼遇、自行活动等方面遇到的问题。

（3）负责活动主办方的请柬送达、物品转交、证件领用事宜。

（4）负责与有关各方的沟通协调、联络引导、咨询服务和有关事项办理工作。

（5）负责上级交办的有关工作。

60. 大型活动接待联络员通常应掌握哪些活动信息

（1）了解所在代表团每次参加活动的时间、地点、线路、程序、参加人员、着装要求，以及合影站位或座位安排等。

（2）了解代表团在身份注册、订房、提供车辆和提供安保等方面的安排或规定。

（3）了解代表团的抵离时间、航班车次、下榻宾馆、日程安排、人员名单和注册情况，并与来访团的具体联络人员进行对接。

（4）了解会议场地情况，各场所（机场、车站）的位置及进出的路线。

（5）了解办事的途径与程序和办事单位及人员的联系方式。

（6）了解对外宣传的口径。

（7）了解本地概况，以及安排代表团所去的参观点、景点、宾馆（酒店）的名称、简介、联系人、活动程序、场地线路等情况。

（8）了解代表团人员的饮食禁忌、风俗习惯，并通知下榻的宾馆（酒店）和举行宴会的单位。

（9）了解各个证件证卡的使用范围和场所。

61. 大型活动接待联络员的着装通常有什么要求

整体要求：庄重、得体、整洁、美观。

男士：正式服装（正装）一般是西装套装、系领带。最好是穿黑色或其他深色西服，白色或其他浅色衬衫，黑色或其他深色皮鞋。

女士：西服套装（下装为西裤或过膝、及膝裙）或中式服装，皮鞋颜色与服装颜色相协调。穿裙装时要穿与肤色相近的长筒或连裤丝袜。参加宴请时可穿旗袍。女士着装时，内衣背心带、胸罩带、袜口等不要外露。一些游览活动可穿便装。

62. 大型活动对接待联络员有哪些礼貌要求

举止端庄，站立时不要晃来晃去，不要倚靠门、墙、台。站的位置不宜与对方离得太近或太远，以一个手臂长度为宜。

对来宾要有礼貌，说话语气要平和亲切，表达得体。谈话声音不宜太高，以对方听清为度。对来宾提出的具有挑衅性的话题，一般不要与来宾争论，可作必要解释，不高声辩论、过分纠缠。

联络员首次与来宾代表团接触时，要主动作自我介绍，互致问候、互相握手。接受对方的名片，应礼貌看阅，不要随手置于桌上、台上或裤兜里。

联络员每场活动前要提前到达贵宾要客住地，察看电梯情况，掌握提醒出发时间。抵达活动地点要留心车辆停放的地方。

陪同参观时，应先将主方迎接人员介绍给来访的贵宾要客。

观看演出时，发现有人已经坐在贵宾的位置上时，礼貌请他（她）看其座位票号，不可强令其让开。必要时，可请工作人员予以协助。

引领团组时，要注意整个团组不要走散。

贵宾要客参加会见、开幕式、宴会等正式活动，联络员在引领到位后应及时退出活动场地，并在指定地点等候。

63. 组织大型接待活动应重点在哪几个方面下功夫

大型接待活动要突出工作重点，把握好以下几个关键环节：

一是在关键环节上下功夫。例如欢迎宴会、会见、会谈等重点环节，精心策划，缜密安排，精准到位。

二是在人员组织上下功夫。做好人员组织是保障工作的重要内容。例如人员抽调、集结、培训、上岗等都要符合任务要求，为活动提供人性化、精细化服务。

三是在模拟演练上下功夫。在仪式性强、有直播报道的重大接待活动中，着眼实战需要，把握关键节点，通过各类演练，精准把控流程环节，全面检查漏洞问题，优化提升活动效果。

四是在提升细节精细程度上下功夫。细致打磨礼宾接待各要素排列及呈现形式（包括姿势动作、行进路线等），实现方案精确到秒，实际活动"时间上不差一分一秒，空间上不差一厘一毫"，确保动作规范、整齐划一，提升活动仪式整体效果，服务做到精益求精。

五是重大接待任务全过程实行严格的闭环管理措施，

确保安全。

64. 大型活动官方接待酒店服务工作标准主要包括哪些方面

为做好大型活动的接待服务工作，大型活动筹委会接待部按惯例会对本地宾馆、酒店的接待能力进行调查摸底，遴选出若干家宾馆、酒店作为承担本次大型活动的官方接待酒店，经验收合格后签订正式接待协议书（合同）。

大型活动官方接待酒店服务工作标准，应根据活动承办合同及当地党委、政府对酒店住宿接待服务工作要求和活动组织方对接待酒店应达到的工作标准而制定。

主要内容包括接待酒店环境布置、贵宾迎送、重要贵宾接待、前厅服务、餐饮服务、客房服务、会议服务、康体服务、安全保障、人员培训等基本工作规范要求。

第五部分
宴会（餐叙会）服务

65. 国内公务招待活动一般分为哪两种情况

根据国内公务活动的性质和目的，国内公务招待活动大致有两种情况：

第一种是礼仪性的。例如，重大节会、重大活动、涉外活动，以及经贸洽谈、商务往来等活动中的宴会、招待会形式。

第二种是工作性的陪餐活动。例如省与省之间、市与市之间、县与县之间，互访考察、区域合作、学习交流中所举行的工作餐会，以及其他工作性质的陪餐活动。规格有高低之分，规模亦有大小之别。

66. 什么是国家级宴会

宴会按礼宾规格分为国家级宴会和地方性宴会。国家级宴会大致分为国宴、正式宴会、招待会三种。国宴是指国家元首或政府首脑为招待国宾、贵宾，或在重要节日为招待各界人士而举行的宴请活动。例如，外国国家元首或政府首脑访华，我国国家主席或国务院总理为来访国宾举行的欢迎宴会，以及每年国务院总理举行的国庆招待会。国家级宴会是以国家名义招待宾客，处处体现国家形象，因而是最高规格的宴会形式。

正式宴会对餐具、酒水、菜肴道数、陈设，以及服务员的装束、仪态等方面都有严格要求。

国宴菜肴数量通常为"四菜一汤"或"三菜一汤"，即1冷菜（通常为拼盘）、4热菜、1汤、3点心、1水果、1主食。主桌通常是各吃（单吃）。

67. 宴会按时间分为哪两类

宴会按时间分为午宴和晚宴。通常晚宴比午宴更为隆重一些。根据宴会情况，宴会在名称上多使用"欢迎午宴""欢迎晚宴""工作午宴""工作晚宴""活动午宴""活动晚宴"，以及"宴会""欢迎宴会""招待宴会"等词语。内事礼仪性的招待活动一般不做上述区分，只称为"宴会"或"欢迎宴会"。

68. 宴会按就餐方式通常分为哪几种形式

按就餐方式来分，宴会可以分为中餐宴会、西餐宴会和中西合餐宴会。中餐宴会就餐方式普遍采用"中式桌餐""中餐西吃""中餐分餐"。

"中餐西吃"是对中餐宴会的一种创新宴请形式。"中餐西吃"的特点如下：中餐菜肴，道数一般为"四菜一汤"，即四道热菜一道汤（根据需要，亦可"三菜一汤"或"两菜一汤"）。"中餐西吃"进餐方式有分餐、单吃或各吃，每道菜每人一小盘。上菜顺序按西餐的顺序。既备有筷子，又备有刀叉等西餐餐具，中西结合，主、客两便，各得其所。

69. 如何安排公务陪餐地点

传统做法较多的是安排在来宾下榻处之外的其他场所进行。现在的做法是既可以安排在来宾下榻之外的场所，又可以安排在来宾下榻的宾馆进行。在哪里举行，要视情况和需要而定。一般礼宾接待安排在来宾下榻的宾馆举行，可以更方便来宾，减少往返，也便于组织方的准备、安排、联络，同时也省去了车辆接送，减少了扰民。

餐前，宾主可在休息室稍事叙谈后入席，如无休息室也可直接入席。

70. 什么是"工作午宴"或"工作晚宴"

"工作午宴"或"工作晚宴"由于具有"工作性"和"宴会性"，在安排时有别于正式"欢迎宴会"（一般标准不变）。通常每位领导人的餐位均备有话筒，供边用餐边开会使用。菜单一般采用"中西合璧，中餐为主"。同时，充分考虑客人的喜好和禁忌，有些菜单是不尽相同的，但菜品数量一样。

早餐会是客人边用餐边进行交流、探讨问题的会议形式。

午餐会是将会议和午餐结合在一起，一般含有主旨演讲和问答环节，或把颁奖、推介等功能和午餐结合在一起的用餐形式（通常是先会后宴）。

71. 什么是地方礼仪性招待活动

地方礼仪性招待活动，招待方式主要有宴会和招待会两种。由于招待规格相对较低，宴会的档次、标准、水平也相对较低，各地招待活动应严格按照有关制度规定举行。

招待会的种类主要有冷餐会、酒会、茶会、自助餐会等。（招待会一般是指各种不备正餐，较为灵活自由，方便彼此交往的就餐形式，备有食品、酒水饮料。通常席位座次安排只排主宾席人员，其他人员席位座次则可排可不排。如果需要排的话，可只排到桌，而不一定非排到位；也可不设座位，就餐时自由走动。）随着形势的发展，按照简化礼仪的要求，宴请的范围趋向缩小，形式也更为简便。招待会的上述各种就餐形式被广泛用于公务礼宾接待活动中，以冷菜会、酒会、茶会和自助餐会等代替宴会，取得了较好的效果。

72. 公务陪餐的形式主要分为几种

公务陪餐的形式可以是自助形式也可以是桌餐形式。在名称上有自助餐会、工作餐会、餐叙会、早餐会、午餐会、晚餐会等；在性质上，这类陪餐也是边就餐边对话的工作性质的餐会活动。《党政机关国内公务接待管理规定》对公务接待工作餐的性质、对象、目的、标准、场所、人数、菜肴、烟酒、经费等都作出了明确规定，必须严格执行。按照"有利公务"原则，根据礼宾接待工作需要，可选择不同的就餐形式，使工作餐的陪餐方式和就餐形式多样化。除了自助餐，有时也可以采用中式桌餐、中餐西吃（分餐或单吃。分餐的好处是一人一份，减少浪费，方便卫生，有利于规范化的服务）、中西合餐等陪餐形式。

公务陪餐与宴会或宴请是有区别的：商务、涉外接待中的招待陪餐活动一般称为宴会，宴会通常以党委、政府的名义举行。政务接待陪餐通常称为工作餐会、早餐会、午餐会、晚餐会或餐叙会，一般以领导同志名义安排；政务陪餐具有工作性、礼节性，餐标低于宴会。

采用哪种形式，应根据活动性质、目的、对象以及标准、规定等实际情况，节俭安排用餐数量、形式，不得超过规定的标准。

73. 菜肴口味安排的基本要求是什么

菜肴口味安排的基本要求是突出本地特色，顾及各方习惯。主客关系时，以我为主，二者兼顾；上下级关系时，以上级为主。

74. 中餐分餐的方法主要有几种

中餐分餐方法主要有：餐位分菜法（使用公叉和公勺分让菜，即把大盘的菜按位分派于每个宾客的餐盘中，常用于按份菜品或面点）、转台分菜法（即台面分餐。骨碟按用餐人数均匀有序地围摆在台面上，然后将大盘中的菜品分置于骨碟中。常用于多汤菜品）、旁（边）桌分菜法（即服务台分餐。菜品向来宾展示后，撤至服务台上，然后将菜品均匀地分派于与用餐人数相等的骨碟或汤碗中，送至客人。常用于造型菜品、例汤、鱼）、后厨分菜法（厨房内将菜品分成一人一份，由传菜员送到餐桌旁，并协助服务人员上菜。此法亦称为"中餐单吃""各吃分餐"或"按位上菜"，高规格正式宴会一般采用各吃形式），以及自助餐、半自助式用餐等方法。按照健康文明用餐的要求，"推广分餐公筷"已势在必行。

75. 如何选择菜式

选择菜式主要根据活动的形式、规格以及主宾的喜好和禁忌而定。具体来说需要考虑以下因素：

一是就餐对象。就餐对象为外宾时，中方一般用中西结合、以中方优先为主的中餐菜式款待外宾。既满足外方饮食习惯，又突出中国特色和地方风味。国内活动以本地菜肴为主，兼顾来宾喜好。

"双边活动"宴请选菜主要考虑主宾的喜好和禁忌；"多边活动"宴请选菜主要考虑照顾来自不同地区的风俗习惯，常用做法是"清真席"。

二是就餐标准。菜式和菜品的安排要控制在规定标准之内。

三是突出特色。选择特色菜式，弘扬当地的饮食文化。

四是菜肴道数和分量适宜。

五是饮食忌好。如伊斯兰教用清真席，佛教为素食，也有因身体原因不能吃某种食品的。如果有个别来宾有特殊需要，也可以单独为其上菜。

76. 如何处理宴会个别来宾的饮食忌好

如果主宾忌用某种食品或酒水，通常该宴会就不宜再上此种食品或酒水；如果个别来宾忌吃宴会上的某种食物，可单独为其替换另外一道菜；如果主宾特别喜欢某种食物，这种食物可作为宴会的首选菜品。总之，在菜品数量一样的情况下，菜品的内容可以有所不同。

77. 什么是宴会台形设计

宴会台形设计，是指将宴会所用的餐桌按一定要求排列组成的各种格局，是整个宴会设计的重要组成部分。

（通常宴会都有宴会主题，宴会主题是通过宴会设计策划，运用各种宴会元素来表现的。宴会元素包括场地、环境、氛围、风格、餐具、家具、摆台、菜品、酒水、饮料、服饰等。）

宴会台形设计的总体要求：根据宴会主题，按照宴会要求，结合场地情况进行宴会台形布局定位。宴会主宾席应置于显著和统领的位置，可以是长桌，也可以是圆桌，通常主宾席的台面应大于其他各席。

餐台布置可根据宴会的规格、形式而定，一般可用桌旗、艺术插花、水果雕刻、蔬菜雕刻、面食雕刻、糖雕等穿插布置。近年来，还出现了用五谷杂粮进行粮食摆台等创新的餐台布置。

78. 宴会席次排列的基本原则是什么

席次排列的基本原则：圆形餐厅餐桌居中为上；餐桌横排时以右为上；有主席台时餐桌临台为上。其他桌次的高低以离主桌位置远近而定，右高左低。两桌以上的宴会，其他各桌主陪的位置可以与主桌主人位置同向，也可以以面对主桌的位置为主位。但主流做法还是前者。对于后者，应持开放态度。

大、中型宴会由于人多、桌多，可根据宴会的规模和要求，将宴会厅分成主宾席区和来宾席区等若干服务区。

大型宴会主宾席区，一般设五桌，即一主四副。中型宴会主宾席区，一般设三桌，即一主二副。主宾席副桌的多少不能一味讲究对称，而应该根据主宾席的人数情况来定。有时就不一定对称，如一主三副、一主五副或一主七副等。

在布置中既要突出主宾席，又要排列整齐、间隔适当；既要方便宾客就餐，又要便于服务员席间操作。通常宴会每桌占地面积标准为10～12平方米，桌与桌之间距离为2米以上。

大型宴会的主宾区与来宾区之间应留有一条较宽的通道，其宽度应大于一般来宾席桌间的距离，以便宾主席间出入。

79. 伴宴席位布置应注意哪些事项

（1）主宾席圆桌或长台桌处于舞台前正中间位置（长台桌可单面设座，也可双面设座）。无论圆桌还是长台桌，主人座位居中面向舞台设座，所有座位避开桌腿。

（2）桌上铺桌布，布置鲜花和装饰品（避免太高而挡住视线和面部）。

（3）涉外伴宴主宾席后面备译员椅若干（根据需要配备）。

其他嘉宾桌，一般为10人台圆桌，每桌9把椅子，空出背对舞台区域，以便来宾观看演出；桌上布置花艺，摆桌牌号（桌次牌）、座位卡（席位签）。桌牌号（桌次牌）可在宴会开始，入座完毕后撤去。

80. 伴宴时的乐队如何安排

宴会如有乐队伴奏，可将乐队安排在舞台上或主宾席的两侧（也可安排在宴会区的最后一排周围）。伴乐时乐队规模不宜太大，以不超过 10 人为宜。乐队与主宾席应保持一定距离，演奏音量适中；演奏曲目通常以地方的民间音乐为主，适当选奏一首或两首客方家乡的著名乐曲。

如果是席间伴有文艺表演，各桌主人和主宾位置面朝舞台安排为宜。

81. 宴会台形设计有哪些注意事项

宴会台形设计注意事项如下：

（1）主桌应面向餐厅正门能够纵观宴会厅的位置。

（2）注意对主桌进行装饰，主桌的台布、餐椅、餐具、台面设计等应与其他餐桌有所区别。整个场地主色调与副色调的搭配应与宴会主题相吻合。例如宴会以绿色为主题，宴会厅的布置通常会以绿色为主色调，以粉色为副色；以喜庆为主题，通常会以红色为主色调，以黄色或白色为副色；以工作进餐或经贸论坛为主题，通常会以蓝色为主色调，以白色为副色。

（3）要有针对性地选择台面。一般直径为 1.5 米的圆桌，每桌可坐 8 人；直径为 1.8 米的圆桌，每桌可坐 10 人；直径为 2～2.2 米的圆桌，每桌可坐 12～14 人；直径为 3 米的圆桌，每桌可坐 20 人。通常主桌大于副桌，座位安排更为宽松。例如一张直径 7.5 米、周长约 23.5 米的圆形宴会主餐桌，按标准可坐 14 人，可安排坐 10 人。总之，主桌应根据人数的多少选择相应规格的圆桌或长台。通常座位与座位之间的左右距离至少保持 0.5 米，一般为 0.6 米，舒适为 0.7 米，豪华为 0.85 米。

座椅的高度为 0.45 米，餐桌高度以 0.75 米为宜。直径超过 1.8 米的圆桌应放置转台，不宜摆放转台的特大圆桌可在圆桌中央铺设鲜花。

（4）台形排列应根据餐厅的形状和大小及宴会人数来安排。桌与桌之间的距离不小于 2 米，餐桌距墙的距离不小于 1.8 米。宴会所用桌（台）应排列整齐有序，疏密间隔适当，既方便就餐，又便于服务。

82. 中餐宴会摆台有哪些注意事项

餐桌摆台要求台（桌）布平整，中线对主位，四角均匀，餐椅依主位均匀对称摆放。

餐具是宴会摆台的最基本元素，也是最重要的元素。餐具色彩应符合宴会主题，与台面、台布、花卉、餐巾花（亦称口布花，即将餐巾叠成花插在水杯中，或平放在菜盘上，主人位置上的餐巾花称为主花。主花要选择美丽而醒目的花型，并高于其他位置的餐巾花，以突出主位）、服饰等餐台环境达到和谐一致的美的效果。

布碟正对餐位，摆放均匀；碟花要正，距桌边 2 厘米。勺托和瓷勺放在布碟的正前方，勺把朝右，勺托与布碟中心线垂直，距离为 0.5 厘米。红酒杯对正布碟中心线，距勺托 0.5 厘米；白酒杯放在红酒杯右侧，水杯放在红酒杯左侧；三套杯间距 1.5 厘米，平行成一直线。筷子架、筷子（现在流行每人"双筷制"，一双就餐用，一双夹公菜用，且两双筷子有颜色、质地或长短之分）放在布碟右侧，筷子架与勺托和红酒杯的中心线平行，筷子顶距桌边 2 厘米，勺把不能压筷子。公用碟放在正、副主位的正前方各一个，碟内各放一个公用瓷勺和一双公用筷子；勺在前，勺把在左，筷子顶端向右；公用碟边与红酒杯距离为 2 厘米。牙签筒分别放在公用碟的右前方。餐桌上不备烟缸。

餐桌台面物品摆放次序：通常是"左固右液"，即左手边摆放固体（如毛巾、面包等），右手边摆放液体杯具（如茶杯、酒杯、饮料杯等），也称为"左手毛巾右手茶"。但是，会议桌毛巾、茶杯通常放在右手位一侧。毛巾靠外，茶杯靠里，席位签居中，即"巾外杯里签居中"。

服务员上菜、撤盘、斟酒的顺序主流做法：从客人左边上菜、分菜，右边撤盘（撤盘应以主宾、主人的用餐节奏作为依据，其顺序均为"先撤后上"）；斟酒（倒茶）从客人右边（八分杯），顺时针方向，先宾后主。

酒杯前或餐具（盘子）正上方放置席位签（勿置于餐盘内）；菜单通常每桌两份，分别放置在正、副主人位餐碟的右上侧（菜单供本桌主人、副主人了解菜肴，为主宾、副主宾介绍菜品时使用。讲究的也可每人一份）。

83. 西餐宴会餐具的摆设与中餐有何不同

中餐用筷子、盘、碗、匙、小碟、调味佐料瓶等。水杯放在菜盘上方，右上方放酒杯，酒杯数目和种类应与所上酒的品种相同。宴请外国宾客，除了筷子，还应摆上刀叉。

西餐具的摆设与中餐不同。西餐具有刀、叉、匙、盘、杯等。刀分食用刀、鱼刀、肉刀（刀口有锯齿，用以切牛排)、奶油刀、水果刀;叉又分食用叉、鱼叉、龙虾叉;匙有汤匙、茶匙等;杯的种类更多,茶杯、咖啡杯均为瓷器,并配小碟,水杯、酒杯多为玻璃制品,不同的酒使用的酒杯规格亦不相同。宴会上几道酒,就配有几种酒杯。公用刀叉规格一般大于食用刀叉。

西餐具的摆法:正面放食盘(汤盘),左手放叉右手放刀。食盘上方放匙(汤匙及甜食匙),再上方放酒杯,右起烈性酒杯或开胃酒杯、葡萄酒杯、香槟酒杯、啤酒杯(水杯)。餐巾插在水杯内或摆在食盘上。面包奶油盘在左上方。吃正餐,刀叉数目应与菜的道数相等,按上菜顺序由外至里排列,刀口向内。用餐时应按此顺序取用。撤盘时,一并撤去使用过的刀叉。

84. 如何做好大型宴会迎宾入座工作

主方通常会在门口或大厅内迎接来宾(也可在休息厅或会见厅迎接)。一般来宾到达后,可由工作人员直接引领进入宴会大厅,但不入座(大型活动,要有专人接应并协助各代表团引领入场)。

主宾到达后,由主人陪同进入休息厅,双方(或多方)短暂交流,稍事休息后,主人陪同主宾(贵宾)进入宴会大厅,全体来宾就座。如果宴会规模较大,也可以请主桌以外的来宾先入座,主桌人员最后入座。

有专人引领主桌人员就座;有专人负责宴会厅各门的开门、关门。

涉外多边活动场合,应把关系紧张、相互敌视、信仰冲突国家的来宾分开安排。

85. 如何做好宴会送宾工作

主人与主宾起立，招待陪餐即为结束。主人送来宾至门口，与客人握别。接待人员要在宴会结束前 15 分钟通知有关岗位，并做好电梯及车辆调度工作。各个电梯口有专人把控，提前就位；车辆按序集结，等候出发。

送宾时，主宾和客人先走，然后是主方领导按顺序乘车离去。

86. 如何组织招待会

招待会是不备正餐、较为灵活的宴请形式，备有食品、酒水、饮料与水果等。招待会的概念包括了冷餐会、酒会和自助餐，常见的做法是所有人或大多数人是站立用餐。冷餐会以冷食为主；酒会以点心小吃为主；自助餐的菜肴较为丰富，还有现场煎炒（菜肴各取所需，较好地解决了众口难调的问题）。

重要的自助餐会除了菜肴按规定配置，就餐环境、餐具配备、餐桌摆台和服务保障应根据重要程度进行安排（一般按宴会服务标准）。举行招待会主要考虑做好以下工作：

（1）场地布置。招待会与宴会布置大致相同，但不设席位（或少设席位），设酒台、餐台。场地大小选择，餐台、酒台的摆设应以出席人数的多少为依据，以方便取食、避免拥挤、便于来宾走动为原则。

（2）酒水及菜肴。通常备软饮料、啤酒及葡萄酒或鸡尾酒。菜肴以便于刀叉使用为好，最好不带骨、刺、壳等，菜肴分量应比预计用量稍多。

（3）举行程序。礼宾接待人员提前到位检查场地、食品、摆设、音响、灯光、服务等布置。主办方主人应提前15分钟到位在迎宾线迎宾。此时可播放迎宾乐曲，服务员斟倒酒水。在主要来宾抵达以后即可在预定时间宣布招待会开始，并由主人致祝酒词（应避免冗长的主、客人名单介绍）；祝酒词，包括译文时间不宜超过5分钟。招待会结束时，可按预定程序宣布结束并在迎宾线与主要来宾握别。

（4）涉外活动要根据主人和来宾的情况，配备足够数量和语种的现场翻译。

87. 如何检查落实工作餐会的服务保障工作

接待人员要提前一个半小时（至少一个小时）抵达现场，查看餐厅有关场地的准备情况，检查的内容主要包括：

（1）检查餐厅工作餐会是否按就餐人数、方式、标准、时间和有关要求进行操作。

（2）查看场地位置、环境、大小是否合适；餐桌、座椅（常用座椅有靠背椅、扶手椅、圈椅）是否牢固，搭配是否合理（一般中餐用中式木背椅，西餐用西式扶手椅），椅子是否统一；桌布、餐巾布等是否熨烫；围边（裙边）、台花色彩搭配是否协调；席次安排是否正确等。（重要宴会现场，一般提前半小时清场并封闭场地。封场后，现场除1～2名工作人员和服务人员，其余人员不得随意入内；任何人不得随意更改、挪动座位台牌。）

（3）检查摆台是否规范，餐具摆放是否统一、整齐、美观、无损、干净。台布是否正面朝上；如有股缝线，股缝线是否对准正副主人位。餐盘、骨碟图案是否摆正。正副主位正上方是否各摆放了公用筷夹、公筷、公勺各一套。

（4）查看席位安排是否符合礼仪，主宾和主人之间距离是否合适，主、客双方人员嘉宾名录（亦称手边名单，包括姓名、单位、职务）的摆放位置是否恰当，席位签、菜单、出席人员名单是否准确无误。

（5）查看照明、电视（调好频道）、音响（调好音量）、空调（设好室温）等设施设备是否良好，摆放是否恰到好处。

（6）查看衣帽架、配餐台摆放是否合适；传菜进出门是否使用屏风遮挡美化。

（7）室内卫生做到无蛛网、蚊蝇，无异味，保持餐厅空气新鲜、流畅，排气性能良好。

（8）查看主桌摆件是否合乎主题，是否具有本地文化底蕴；服务人员是否按要求配备等。

（9）掌握上菜节奏，不宜过快或过慢，工作陪餐一般控制在一小时左右。

（10）如采用桌餐形式，凉菜应提前上桌；如采用自助餐形式，所有菜品应在进餐前5分钟全部上齐，小吃以分餐形式直接分送到席位。酒水按要求提前备好。

（11）做好餐厅食品安全、卫生防疫的督促工作。为了确保厨房的食品卫生，防止生熟食品交叉，保证食品安全，各类食材的加工工具要严格区分摆放使用。案板和菜刀有好几种颜色，如红案板用于加工肉类，黄案板用于加工禽类，蓝案板用于加工海鲜，绿案板用于加工蔬菜水果。每种案板都有相同颜色的刀与之配套，保证每个环节零风险（包括刀、叉、筷、勺、碗、盅、杯、盘、碟）。重大活动要安排食品药品监管部门进行监管。

（12）餐前如有会见活动，应提前准备好会见场地。会见场地通常应安排在餐厅附近；餐前会见需要准备座位卡和话筒。需新闻报道的，提前通知新闻媒体。需要提供背景资料的，要通知相关单位提前准备。

88. 起草工作陪餐方案的基本程序是什么

（1）接受任务。接到工作陪餐任务通知后，及时安排接待人员，启动工作餐办理程序。

（2）核实信息。根据任务来源，提前主动与对口接待单位联系，核实来宾名单、人数、活动日程安排、用餐习惯（包括宗教禁忌、健康禁忌、习俗禁忌、职业禁忌、年龄禁忌等饮食禁忌和喜好）等信息。

（3）时间地点。掌握陪餐嘉宾活动时间安排和有关要求，结合来宾活动日程，确定用餐时间和地点。

（4）草拟方案。接待人员草拟工作餐方案送审稿，包括用餐时间、地点位置、餐厅名称、就餐形式、餐标、菜单、宾主双方人员名单等要素。

（5）方案送审。按程序签批后执行。

89. 接待人员对熟悉菜单有哪些要求

对于菜单，应做到能准确说出每道菜的名称，能准确描述每道菜的风味特色或典故，能准确讲出每道菜的配菜和配食佐料以及营养搭配，能准确知道每道菜的制作方法。

90. 怎样审定工作餐会的菜单

菜单审定严格按照《党政机关厉行节约反对浪费条例》和《党政机关国内公务接待管理规定》的要求进行。

（1）照顾宾主（以主宾和客人为主）双方饮食习惯和生活禁忌，以及疾病、过敏等健康问题。

（2）突出地方特色（条件允许时，也可安排主宾家乡的一两个地方特色菜），传播地方饮食文化。

（3）要严格工作餐会标准，定量核算安排菜品，避免餐饮浪费。

（4）菜品搭配科学（注重荤素搭配、营养搭配、节气时令菜与传统菜肴搭配，以及菜点与酒水饮料等多元搭配，绿色健康）。

（5）严禁食用野生保护动物、植物。

（6）菜品安排合理，符合用餐形式。

91. 宴会桌签（席位签）的摆放有何讲究

摆放桌签或席位签既是中国传统又是国际惯例，以示郑重其事，既是礼貌的需要，又是宴会秩序"对号入座"避免混乱的需要。

桌签（席位签）应居中置于酒杯前或平摆于餐具上方，勿置于餐盘内或旁边。菜单一般放在餐具右侧。

92. 席次安排以花卉命名有何好处

在一些重大国事活动中，为了体现平等性，宴会以花冠名，可以淡化席次，避免因桌（台）数字序号的前后而产生的"次序高低"问题，导致影响各国贵宾参宴的情绪。

例如，2008 年北京奥运会欢迎宴会席次安排。排列次序分别为牡丹（主桌）、茉莉、兰花、月季、杜鹃、荷花、茶花、桂花、芙蓉。如图 5－1 所示。

图 5－1

又如，2010 年上海世博会欢迎宴会采用的是混搭形式。主桌是长约 20 米的条形桌，另设 36 张圆形桌。离主桌最近的 7 张圆形桌也是以花为名，排列次序为玉兰、茉莉、月季、杜鹃、荷花、茶花、芙蓉。如图 5－2 所示。

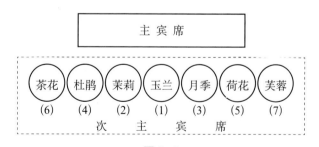

图 5－2

以花冠名安排席次的做法，越来越多地应用于大型的多边宴会活动中。为了确保快速入座，可在座位贴上国旗与国名，并安排工作人员在通道处协助指位或领位。

除了以花冠名安排席次，还可以用城市、山川、河流等非数字化次序来安排席次。

93. 宴会长台桌形式主要有哪几种

宴会长台桌形式主要有一字形、U形、E形、T形、正方形等形式。

（1）一字形台，如图5-3所示。

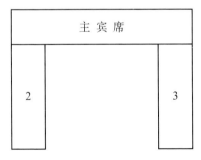

图5-3

（2）U形台，如图5-4所示。

| 主 宾 席 |
| 2 |
| 3 |

图5-4

（3）E形台，如图5-5所示。

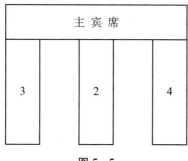

图 5-5

（4）正方形，主宾席居中，如图5-6所示。

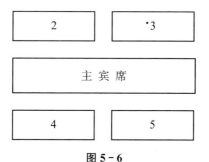

图 5-6

94. 宴会常用桌椅种类和规格主要有哪些

（1）餐桌。宴会餐桌按形状可分为方桌、圆桌、长方桌、条桌。每位客人占用桌子的长度不少于0.5米边长，高度以0.75米为宜。

①方桌（方台）。中餐厅方桌规格为边长0.85米，西餐厅方桌为0.9米，咖啡厅方桌为1米。

②圆桌（圆台）。常用于宴会厅。圆桌通常以10人

座位为标准铺台，每位客人所占圆桌弧长一般为 0.5～0.85 米。

③长条桌（长台）。常用于冷餐会餐台、西餐的餐桌、会议桌、展示台等。按餐具摆放所占用面积来选用不同规格的长条桌。尺寸选定要方便不同类别台形桌子的相互拼接组合。规格通常有两种：一种是宽 0.75 米，长 1.1 米；另一种是宽 1.2 米，长 2.4 米。

（2）椅子。餐椅规格：座高 0.40～0.43 米，座深 0.65 米，座宽 0.40～0.43 米；靠背高 0.38～0.42 米，且上窄下宽。

椅子的形式通常为中式木背椅和西式扶手椅。

95. 宴会通知的方法主要有哪几种

（1）大型宴会，以在请柬上注明席次为最好。（正式的大型宴会，一般均要提前发出邀请函或请柬，注明桌次，并附上"宴会厅平面图"，使参加人员入席时一目了然。）

（2）中、小型宴会，可在宴会厅门口放置一张"席位安排大版图"，标明席次。

（3）印制"席位安排"，宴会前发给参宴者。

（4）小型宴会，也可采取电话、短信、口头通知，或在入席时，由迎接人员引导入席。

重要或重大活动"宴会席位安排图"须报有关领导审定。

96. 涉外宴会席位安排通常需要考虑哪些因素

涉外宴会席位安排除了要把握好礼宾次序，还需要考虑其他一些因素，如彼此间的友好关系、熟悉程度、工作联系、文化差异以及民族、宗教、信仰等因素。安排席位时要避免将有分歧、有矛盾的人员安排坐在一起或对面，以照顾彼此舒适度。

97. 宴会翻译席位如何安排

宴会上如有翻译上桌，一般安排在主宾的右侧（如果有两名翻译，则另一名翻译安排在主人的左侧）。以长方桌作为主宾席单面设座时，为便于交谈，翻译也可安排坐在主人、主宾的对面，此面除翻译外不安排其他人员。这里需要说明的是，我国现在举行的重大或大型宴会翻译均不上席，为便于交谈，翻译在主人、主宾以及所需翻译的宾主人员身后就座。翻译座椅，一般为普通椅或圆凳。（中餐圆桌翻译席位安排请参见本书序号 102。）

98. 什么是"主宾坐主位"

宴会席位"主位"安排原则：主、客关系时，主人坐主位；上下关系时，上级坐主位。接待工作中有时会遇到一些特殊情况，需要灵活处理。比如，主、客关系时，有时遇到主宾职务、身份、层级高于主人（无隶属关系），为表示对主宾的尊敬，可以把主宾让到主人的位置上，而主人则坐在主宾的位置上，其他人员正常排定，第二主人可坐在主宾的左侧，也可按常规安排。如图 5－7 所示。

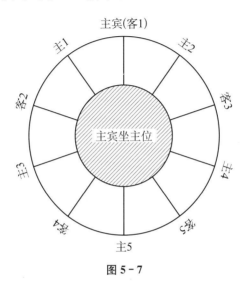

图 5－7

99. 宴会桌嘉宾名录如何放置

宴会桌上除了每位面前放置席位签，通行的做法还应放置宴会嘉宾名录，即本桌宾主双方人员手边名单（包括姓名、职务、单位）。摆放时，客方人员面前放置主方人员名单，主方人员面前放置客方人员名单，以便双方交流使用。

100. 中餐圆桌上下关系位次如何安排

如图 5－8 所示。

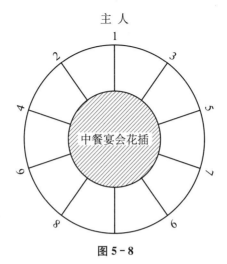

图 5-8

注：1号（主人）位，为上级最高首长位。然后按照礼宾次序，先右后左，交替摆放（上下关系时，不作"两个中心"安排，不设第二主人，即副主人）。

101. 中餐圆桌主、客关系位次如何安排

（1）"一个中心"的摆法。双方按礼宾次序，先右后左，交叉摆放。如图 5-9 所示。

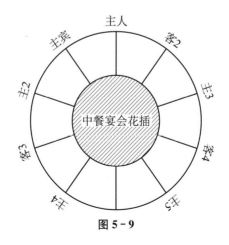

图 5-9

（2）"两个中心"的摆法。即主人陪主宾、副主宾；第二主人陪宾三、宾四。如图 5-10 所示。

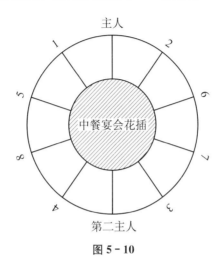

图 5-10

102. 中餐圆桌主、客关系翻译席位如何安排

如图 5-11、图 5-12、图 5-13 所示。

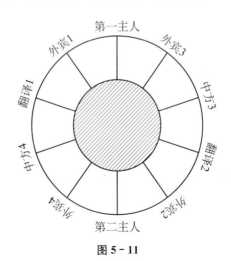

图 5-11

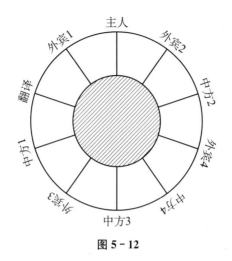

图 5-12

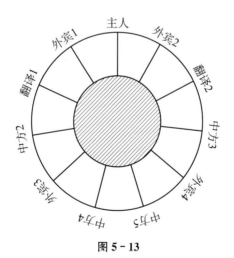

图 5-13

103. 大型宴会活动现场出入口的布置与服务主要有哪些工作

主会场各入口处设置明显的"引导标识",摆放大版桌图架(指示牌),布置有关平面示意图(如场地布局图、主桌副桌座位图、桌次图、行进路线图等）。必要时，可将桌次、席次示意图进行复印，由礼宾接待人员在宴会厅入口处分发给来宾。

迎宾区到达宴会厅及有关厅室（如会议厅、会见厅、休息厅、演出厅等）的每个入口处，安排有为贵宾入席引导领位的礼宾人员，有专职负责开关门的工作人员，电梯实行专控。宴会主桌人员入场前，要提前打开主桌附近的入口，关闭其他入口；主桌人员就座后，及时关闭主桌附近的入口；宴会（或伴宴演出）结束时，要提前打开主桌附近的出口，待主桌人员至电梯口（或酒店大门）时打开其他出口。

104. 如何布置涉外大型宴会活动的主席台

（1）主席台周边用鲜花和绿植布置。

（2）LED 背景屏：领导同志致辞时显示会议背景，宴会期间展示地方特色风光。如果是伴宴形式，演出期间要根据演出内容切换背景。

（3）舞台侧面：通常使用 LED 屏、屏风或适当高度的绿植遮挡，供演员候场和换场使用。

（4）讲台：领导同志致辞时使用的讲台，高度适中，最好为木质，台前布置鲜花，鲜花及麦克风高度不要挡脸，台面能摆得下双面 A4 纸。致辞结束后，将讲台撤离宴会现场。

（5）立式麦克风：台下里侧摆放立式麦克风（数量根据需要定）供主持人或翻译使用，主持结束后（即开始用餐时）撤掉。

105. 涉外大型宴会休息厅的设置应注意哪些事项

大型涉外或多边活动，中外双方休息厅应分开设置。

（1）中方休息厅（中方陪同人员休息厅）、首长听取汇报厅，根据人数摆放沙发，沙发间摆放小茶几，适当摆放花艺、茶水或瓶装水、湿巾，入口处摆放大版桌图架示意图。

（2）外方休息厅（外方各代表团团长休息厅）。

①厅内中心区域摆放若干张高脚台，高脚台上摆放瓶花、茶点小食（点心和坚果）、餐巾纸等。

②厅内四周摆放若干组沙发，每组以 1 个小茶几为中心，分别摆放 4 张沙发圈椅，茶几上备瓶花、茶点小食（点心和坚果）、餐巾纸等。

③厅内一侧角备茶水饮料台，摆放软饮（矿泉水、饮料等）、热饮（茶水、咖啡等）和水杯等。安排服务员专门负责。

④厅内备少量服务员及时用托盘收取用过的水杯、餐巾纸等。

⑤厅内适当位置摆放大版桌图架示意图。

（3）中方近随、外方近随人员休息厅摆放茶水饮料台和适量椅子。

106. 大型涉外宴会重宾抵达时引领工作如何分工

提前计算好时间（时间精确到分秒），重宾要客间隔陆续抵达，按顺序入场。引领工作主要包括以下内容：

（1）主联络员（通常每个团都设有主联络员、副联络员）引领团长先到宴会休息厅休息（翻译可随行进厅，主联络员在宴会厅内等候)。

（2）有关责任人引领其他近随人员前往指定地点休息。

（3）副联络员引领出席宴会人员直接前往宴会厅就座。副联络员与有关责任人、各团近随人员会合。

（4）确认并统计重宾要客及来宾抵达和出席情况（出席率）。如出现部分餐桌空位较多，应迅速调整席位，进行整合，由后向前进行集中，确保宴会整体效果。

（5）有专人确认以下事宜：确认主桌、讲台和麦克风、端祝酒托盘服务员、香槟酒或干红等全部就位；确认席间乐演奏乐队和文艺演出团组准备就绪；确认宴会厅翻译和翻译椅全部就位；确认宴会厅布置完毕。

（6）各责任人、主联络员确保所负责的重宾及其翻译顺利就座。

（7）中方重宾在休息厅与外方重宾见面后，共同步入宴会主桌。

107. 涉外高端招待会礼宾接待服务如何操作

（1）来宾到达时，主人应在设定位置（下车处、门口、大厅、会客厅等）迎接，先迎宾后入席。如有合影，则合影后再入席。

（2）当中外贵宾步入宴会厅时，需有专人负责提醒乐队演奏迎宾乐曲。

（3）有专人确认主持人、翻译提前在立式麦克风前就位。

（4）有专人确认祝酒托盘服务人员提前就位。

（5）有专人在宴会厅接应并协助各团主联络员引领外方代表团团长就座。

（6）有专人引领主桌中方陪同人员就座（通常按顺时针方向引领）。

（7）欢迎宴会开始后，各团主联络员、副联络员等中方工作人员及时自后侧门撤出宴会厅，陪同外方近随等前往××厅用工作餐。

（8）宴会结束前15分钟，有专人提醒各有关人员在宴会厅外等候；有专人负责宴会厅各门的开门、关门；各个电梯口有专人把控，提前就位；车辆按序集结，等候出发。

（9）各团主联络员照料外方代表团团长及外方近随依次离开酒店；副联络员照料各与会代表团其他出席宴会人员最后乘×～×号电梯离开。

（10）提前安排驾驶员（工作人员）举醒目国名牌在大巴车前等候。各车队出发间隔时间通常为1分钟。

108. 重要宴会检查布置工作主要有哪些

提前到达宴会现场，检查准备工作，做到"八知""三了解"。"八知"即知道宾主双方身份、宴请标准、参加人数、宴会形式、菜式品种、使用酒水、安排桌数、起止时间。"三了解"即了解来宾的风俗习惯、饮食忌讳（包括酒水、食物、调料、气味等方面的忌讳）和特殊要求。

重点检查落实宴会标准、菜单、酒水、环境、场地、宴会形式、席面设计、餐台布置、背景板、灯光、音响、话筒、桌椅（重要宴会常用椅子的种类主要有靠背椅、扶手椅、圈椅。如果有翻译服务，翻译人员一般不上桌，用椅通常为普通椅或圆凳）、备餐台、主宾席服务人员等。

主宾席摆放的鲜花或者果蔬雕刻高低大小适中，装饰摆设不要太密集，不要遮挡宾主之间的视线，尽量避免使用香气浓郁的鲜花摆台。涉外活动时，还应注意来访国的鲜花禁忌。

大型宴会，一般用清真菜单。宴会菜单要突出中国味道、民族特色、地方特点。涉外宴会以中餐为主，内宾招待以风味小吃为主（如有可能，也可安排一道来宾的家乡菜）。制定菜单，要注意来宾饮食忌口，同时还要考虑年龄性别、身体状况、营养配置、季节气候、节日节气等因素。尊重民族风俗，注意宗教禁忌和有关接待规定。重要任务的菜单须报有关领导审定，并附有每道菜所用食材、烹饪方式、菜品特点，甚至历史由来，体现饮食文化和情趣。

需要特别注意的是，重大或重要活动的主桌或主宾席一旦布置完毕，经过验收后的桌台上的所有用品和物品、设备和设施均不可挪动和触碰，并安排专人进行盯台守护。

109. 宴会服务需要注意哪些礼仪要求

接待服务人员要调整和控制情绪，精神饱满，热情友好，微笑服务。

正式宴会要按菜单顺序上菜。服务员上菜、撤盘、斟酒、倒茶的顺序：均从客人右边上菜、分菜、撤盘、斟酒（八分杯）、倒茶；按照顺时针方向，先宾后主进行操作（敬酒也一样）。上菜时，如果两位客人紧挨着讲话，可以左上左撤。撤盘时必须征得客人同意后方可。如客人没用完，可以先跳过，为下一位客人服务，最后再回来为未用完的客人服务。

上菜或斟酒时，可由两名服务员分别从两位主人（主人、副主人）右侧的来宾开始，按顺时针方向为来宾上菜，最后是为主人上菜或斟酒。一般原则是先宾后主，先上后下。（上菜时，中餐讲究"鸡不献头、鸭不献掌、鱼不献脊"。也就是说，上菜时不能将鸡头、鸭掌和鱼脊对着主宾或主人。）

同时，要合理确定上菜口。如就餐使用刀叉时，客人将刀叉呈八字或交叉放在盘中，是表示还想再吃；如客人将刀叉合拢并列放在吃盘中，则表示已经吃完，可以撤盘。又如客人将餐巾（口布）放在桌子上，表示不再回来；如果将餐巾放在座椅上，则表示还回来。作为来宾，一般不要去其他宴会厅串门敬酒。如果需要去，应征得主人的同意。

另外，宴会过程中，一般不要在餐桌上随意使用手机，也不要用手机拍照。

110. 什么是"先会后宴"

会议与宴会相结合也是一种常见的礼宾接待形式，这种形式通常是在同一时间场地先举行会议后就餐。会议阶段，有关领导和嘉宾在主席台上就座；宴会阶段，有关领导和嘉宾到宴会主宾席就座。如果利用餐前时间安排主题演讲，时间则不宜太长。

111. 宴会结束送宾时的顺序如何掌握

主人与主宾起立，招待会即结束。主人送来宾至门口，与客人握别。接待人员要提前做好电梯及车辆调度工作。主宾和客人先走，然后是主方领导按顺序乘车离去。

112. 撰写重要宴会推荐菜单主要包括哪些内容

撰写重要宴会的推荐菜单，主要从每道菜品的四个方面进行推介，即菜名、特点、制作、原料。

附

重要宴会推荐菜单
（参考样本）

菜 单

铁棍山药烤雪花牛排

特点：铁棍山药是河南焦作的著名特产，已有三千年种植历史，曾为皇室之贡品，属于怀山药中的极品，为国家原产地保护产品，具有健脾益胃助消化、滋肾益精、降低血糖、延年益寿之功效。

雪花牛排在200℃高温中烤4～5分钟，具有补益脾胃、强身健体等诸多作用。

配料：温县铁棍山药、南阳优质黄牛排、海鲜酱、黑椒碎、胡萝卜丝、香菜、蚝油。

河南特色烩面

特点：河南烩面是"中国十大面条"之一，有着四千年的历史，以优质高筋面粉为原料，是一种荤、素、汤、饭聚而有之的传统风味主食，以味道鲜美享誉中原、遍及全国。

和面讲究"三揉三醒"。先揉成长条，掐面团，保证三光：手光、案子光、器皿光。拉面人员要求"姿态正确"。面要宽窄厚薄均匀，长度两折为75厘米，将面五指抖开，均匀入锅。

烩面按配料不同可分为羊肉烩面、牛肉烩面、三鲜烩面、五鲜烩面等。汤用上等嫩羊肉、羊骨一起煮成，辅料有木耳、黄花菜、羊肉。具有补阳调理、肢寒畏冷调理、冬季养生调理的作用。

配料：羊汤、手拉面、木耳、黄花菜、红枣。

吊炉烧饼拼蔬菜水饺

特点：将面团揉匀，折叠擀成长圆薄片，按扁擀成饼坯，将饼坯放入烧至七成热的吊炉饼铛上，盖上烧热的炉盖，烤8～10分钟，至饼皮金黄酥脆，里面柔软熟透。

饺子是我国人民喜爱的传统食品，制法是先用面粉做成薄而软的饺子皮，将白菜等其他配料切碎，拌以佐料为馅，包成后下锅煮至饺子浮上水面即可，其特点是皮薄馅嫩、味道鲜美、形状独特、百食不厌。

配料：面粉、登封芥菜丝、蓝莓酱、芝麻、大白菜、冬菇。

以下略。

涉外宴请印制菜单时，应中外文对照。对于一些具有中国特色或地方特色的菜肴，则不必翻译成外文，直接采用汉语拼音标识。

113. 涉外大型会议活动正餐（自助）菜品数量如何中西搭配

涉外大型会议活动中的午餐和晚餐通常为正餐，一般由5种凉菜（3中式2西式）、10种热菜（4中式6西式）、5种甜品和2种汤（1中式1西式）构成。具体情况，可酌情搭配。

工作人员用餐，一般为中式家常菜。

114. 宾馆（酒店）如何做好大型宴会的服务准备工作

（1）制定宴会服务接待方案，并报接待主管部门。

（2）确定宴会服务指挥协调员，确定宴会迎宾组、宴会值台组、宴会传菜团队等。宴会各桌来宾应在同一时间享用到每道菜肴，并提供相同服务。

（3）确定重宾要客及随员房间信息，确定最佳迎接点、行走路线，配备指引标识，确保流线安全、畅通、完好。控制重宾要客行走区域与用餐区域，避免无关人员闯入。

（4）提前确定宴会菜单及饮品单，确保提供优质的宴会服务、餐点及饮品。确定菜肴出菜方案，彰显服务规格。

（5）参照已确定的菜单及饮品单，进行宴会场地布局、台形选择、台面设计等工作。

（6）根据需要定制与宴会规格、风格匹配的餐具、台签等。确定接待所需餐具种类、摆台标准以及台面设计思路，确保体现本土特色和会议特色。宴会服务所需客用餐具和服务工具种类丰富、数量充足（通常自助餐按照用餐人数的 120％准备自助餐台台面及所需物品），确保安全、整洁、完好。

（7）确保服务人员精神饱满、制服整洁、挺括，仪容仪表仪态符合规范，其形象能够体现活动档次和品位。

（8）针对重宾来自的国家或地区，展开语言、国际服务礼仪及国际社交礼仪培训，使服务人员能够熟练用英语或客源国语言进行礼貌问候，避免礼仪禁忌或不恰当行为出现，同时展示中国特色的服务礼仪。

（9）按照规定，设立重宾食物留样检查机制。

115. 安排工作用餐在环境上需要注意哪些

安排礼宾接待工作用餐活动，在环境安排布置上需要注意以下几点：

第一，环境幽静，避免噪声。

第二，环境雅致，讲究文化。

第三，环境整洁，卫生干净。

116. 什么是团拜会

团拜会是党在延安时期所开创的一种清廉的公务活动会议形式。

团拜会是"团体拜年"的意思，是一种集体祝贺节日的礼仪形式。每年举办团拜会既能继承优良传统，体现民族风俗，又有益于欢聚一堂，提高活动效果。我国党政机关、事业单位、社会团体通常在春节前夕举行团拜会。

团拜会一般程序：（1）领导致辞讲话。（2）领导向来宾拜年。领导同志分别到各桌同与会人员互相拜年、互致问候（此时工作人员应乘领导同志离席之际，迅速将会议形式摆放的1号桌席位调整至观看演出的形式，其他席位不变）。（3）观看文艺演出。（4）结束。

团拜会席位、席次安排形式同样适用于联欢晚会、茶话会等伴宴式的餐叙、茶叙活动。

由于疫情防控的需要，有些地方团拜会改为视频形式，采取线上进行。

117. 如何做好茶话会的服务工作

茶话会亦称茶叙会，是一种较为宽松而又带有一定喜庆色彩的公务活动会议形式，如迎新春茶话会、五一茶话会、七一茶话会、八一茶话会、国庆茶话会等。其规模可大可小，人数可多可少，形式多种多样。举办全局性、政治性强的重要茶话会活动，在组织筹备、政治站位、围绕主题、会议内容、席位安排、场地布置、活动衔接、环节设计、细节处理、服务保障、质量标准、会议流程、工作方案等方面都有严格要求，都要从政治上考量和把握，既紧扣党委、政府中心工作，又突出会议活动特色。

茶话会通常设在会议室（客厅）举行，也可以在宴会厅举行。一般来说，在宴会厅举行较之在会议室（客厅）举行更为隆重。在宴会厅举行的茶话会，桌子摆放均以宴会形式布局；在会议室举行的茶话会，则摆放长条桌、座椅、沙发、茶几，按不设主席台会议形式安排。桌上（茶几）通常配有水果（果盘）、饮料、茶水、小吃等。根据不同节日，有时还会上月饼、元宵或者饺子等食品，以烘托气氛。

茶话会通常使用带盖茶杯，杯中放茶叶以 10 克左右为宜。正常情况隔 15、30、45 分钟分别添加一次热水。茶叶的选择应根据季节和来宾的喜好而定，通常春、夏、秋季一般用绿茶，冬季用红茶。不饮茶者可用咖啡或其他饮品替代。

茶话会的席位安排要切合主题。一般来说，茶话会根据主题不同可以分为三类，即联谊茶话会、娱乐茶话会和专题茶话会。以联谊为主题的茶话会最为常见。以娱乐为主题的茶话会，娱乐活动可以形式多样，或精心设计，或自由参加、即兴表演。专题茶话会是在某一特定时刻，为某些专门问题召开的茶话会，以听取某些专业人士的见解，或与相关人士对话。

茶话会主宾席人员的席位签要安排到席、到位；其他人员可只排到席，而不一定排到位。国内茶话会席位按"左为上"安排，涉外茶话会按"右为上"安排。

118. 试餐演练有哪些注意事项

试餐演练与正式餐会操作流程一致。类型包括中式桌餐宴会、西式套餐宴会、自助餐、茶歇、酒会等，根据活动内容分别进行专项演练。这里主要介绍一下举行重要宴会试餐演练有关注意事项。

按照宴会菜单要求，检查餐具配备。如西餐的主餐刀叉、甜品叉勺、汤勺、黄油刀、酒水杯、餐巾等。菜品烹饪按时间表操作，分秒必争，几点炸鱼，几点浇汁，几点上盘，上菜时间（注意菜品温度，凉菜的盘子应是冰的，热菜的盘子应是热的）等均采取计时操作，菜品从出锅到上桌，时间精确到秒，温度枪随时测温。上菜时不同的走位，包括行走路线、上菜方式、标准动作、信号指示等实行统一。重要活动原则上每道菜的原料及制作实行厨师团队负责制。

119. 怎样做好大型活动的礼宾接待演练

大型活动所体现出的气场与威仪，要求礼宾接待工作必须做到万无一失。

礼宾接待演练（彩排）有专项演练和综合演练之分，是大型或重要活动能否取得成功的重要内容和工作环节。

按照惯例，凡重要活动接待管理部门都要举行演练活动，检验接待队伍的接待能力和接待水平。在对有关接待单位的各项活动实施方案进行认真审查和严格把关的基础上，根据操作细则和任务清单，组织队伍开展全员现场实景模拟接待演练，以检验接待队伍的接待能力和接待水平。演练通常包括嘉宾抵达、乘车安排、迎接地点、报到入住、会见会谈、合影、签约、会外活动、参会、入场、入席线路、欢迎宴会、菜肴、伴宴、演出、服务、互动、离席、送行、转场等全要素、全流程内容。

接待演练既可以以流程为主（线），如机场线、考察点线、酒店会场线等，也可以以点、线结合，如接待酒店、机场、高铁站、宴会现场、考察点等，对会场保障、抵离迎送、交通保障、安全保卫、餐饮服务及酒店接待工作各环节的衔接进行全流程演练。模拟现场，实景演练，人员、车辆、物品、场景、流线、服务等要全部到位，并与此次任务礼宾接待、服务保障所需要素完全一致。接待管理部门要对整个任务接待服务的全流程实施监控，坚持以问题和结果为导向，进行动态管理。针对演练暴露出来的问题，及时查找不足，补短板、堵漏洞、强弱项，确保正式活动万无一失。

120. 大型活动礼宾接待演练的场地检查主要有哪些内容

重点检查内容包括以下几个方面：

（1）正门入口安检设备。

（2）各活动场所的指引标识，如接待大厅、电梯口、休息厅、宴会厅、工作餐厅、咨询台等。

（3）主宾、贵宾行走路线上的各类电梯（如首长专用电梯、中外来宾使用电梯、工作人员使用电梯等）、扶梯由专人控制。根据任务性质，决定是否铺红地毯。

（4）各厅内、厅外洗手间，根据需要进行卫生用品配备，必要时还应个性化设计，包括化妆台、化妆镜、化妆用品等。

（5）中方休息厅：沙发、大版主宾席座位图架等。

（6）外方休息厅：高脚台、茶水饮料台和沙发、坚果小吃、茶水、咖啡饮料、餐巾纸和台花、大版主桌、座位图架、脚踏、靠垫、衣架、女士手包小架子等。

（7）中外近随人员休息厅：椅子、小茶几和茶水饮料台（供宴会期间中外近随人员休息使用）。

（8）病媒防控情况。重点检查是否存在苍蝇、蚊子、老鼠、蟑螂、蜜蜂、飞虫和空气污染情况。

（9）宴会大厅：LED背景板和切换背景图片、舞台、乐团奏乐台、讲台、讲台麦克风（话筒音响使用双路甚至三路保障）、台下话外音和译员立式麦克风、花草、厅内餐桌布局、桌次牌、主桌、各主要圆桌、译员椅、餐具、台面装饰等。

（10）演员及乐队区域：演员上下场地与舞台之间用LED屏风遮挡，乐队区域面积适中，与宴会区距离适当。

121. 如何制定重要宴会（招待会）演练操作流程

演练操作是大型或重要活动能否取得成功的重要内容和工作环节。凡重要活动通常都要进行预演，按照实战要求，根据操作细则，落实任务分工，相互协调配合，提前进入角色，各司其职（内场和外场），各负其责，熟悉场地环境，掌握环节步骤，检查操作装备物品和设备设施，感受任务现场氛围，发现问题，及时整改。使整个工作始终处于临战最佳状态，确保万无一失。综合演练操作流程如下：

（1）接待准备。

①严格按照规定时间、规定内容、规定路线进行演

练（包括细节对接）。

②参与人员及车辆各就各位。

③礼宾用品责任到人，包括菜单（在推荐菜品时，要将每道菜的名称、特点及配料都写清楚）、节目单、讲话稿、主持词、现场布局图、座位图、展示图、席次表、座位卡（座位卡底座及空白座位卡）、粗水笔、修改液、打印机等，以及对上述礼宾用品的携带、分发、摆放、保管、调试（同传耳机、音响）等项工作的落实。

（2）检查场地。重点检查以下内容：

①正门入口安检设备。

②各活动场所的指引标识。如大厅、电梯口、休息厅、宴会厅、工作餐厅等。

③各类电梯（如首长专用电梯、中外宾使用电梯、工作人员使用电梯等）专人控制。根据任务性质，决定是否铺红地毯。

④各厅内、外宾洗手间开放。

⑤中方休息厅：沙发、大版主宾席座位图架等。

⑥外方休息厅：高脚台、茶水饮料台和沙发、坚果小吃、茶水、咖啡饮料、餐巾纸和台花、大版主桌、座位图架等。

⑦中外近随休息厅：椅子、小茶几和茶水饮料台（供宴会期间中外近随休息使用）。

（3）宴会大厅。LED背景板和切换背景图片、舞台、乐团奏乐台、讲台、讲台麦克风、台下话外音和译员立式麦克风、花草、厅内餐桌布局、桌次牌、主桌、各主要圆桌、译员椅、餐具、台面装饰等。

（4）演员及乐队区域。演员上下场地与舞台之间用LED屏风遮挡，乐队区域面积适中，与宴会区距离适当。

（5）自助餐厅。自助餐台和餐桌椅。

（6）首长及来宾陆续抵达酒店（时间精确到分秒），引领入座。

①主联络员引领团长先到宴会休息厅休息（译员可随行进厅，主联络员在宴会厅内等候）。

②卫士长引领其他近随前往咖啡吧休息。

③副联络员引领出席宴会人员直接前往宴会厅就座。副联与卫士长、各团近随会合。

④确认并统计来宾领导人抵达情况。

⑤此时要有专人确认以下事宜：确认主桌、讲台和麦克风、端祝酒托盘服务员、香槟酒或干红等全部就位；确认席间乐乐队和文艺演出团组准备就绪；确认宴会厅译员和译员椅全部就位；确认宴会厅布置完毕。

（7）中方首长在休息厅与外方领导人见面后，共同步入宴会主桌。

（8）各责任人、主联络员确保所负责的贵宾及译员引领就座。

（9）宴会程序：

①中方首长同与会外方代表团团长在主桌（主宾席）就座。

②×××负责人宣布欢迎宴会开始（英文翻译），请中方首长致辞。

③开始用餐（乐队演奏席间乐）。

④上甜点时，观看文艺演出。

⑤宴会结束，中方首长同与会外方领导人就近握手道别，离开酒店。

⑥外方代表团团长在宴会厅稍事休息，之后依次离开，车队返回各驻地；各团出席宴会其他人员在宴会厅内稍事等候，最后再乘车离开，车队返回各驻地。

⑦宴会结束。

（10）宴会组织需要注意的其他几个问题：

①当中外贵宾步入宴会厅时需有专人负责提醒乐队演奏迎宾乐曲。

②有专人确认主持人、译员提前在立式麦克风前就位。

③有专人确认祝酒托盘服务人员提前就位。

④有专人在宴会厅接应并协助各团主联络员引领外方代表团团长就座。

⑤有专人引领主桌中方陪同人员就座；有专人负责宴会厅各门的开门、关门。

⑥欢迎宴会开始后，各团主联络员、副联络员等中方工作人员及时自后侧门撤出宴会厅，陪同外方近随等前往××厅用工作餐。

⑦宴会结束前15分钟，有专人提醒各有关人员在宴会厅外等候；各个电梯口有专人把控，提前就位；车辆按序集结，等候出发。

⑧各团主联络员照料外方代表团团长及外方近随陪同依次离开酒店；副联络员照料各与会代表团其他出席宴会人员最后乘×～×号电梯离开。

⑨提前安排驾驶员（工作人员）举醒目国名牌在大巴车前等候。各车队出发间隔时间为 1 分钟。

122. 如何制发宴会请柬

通常情况下，举行大型或重要宴会活动都需印发请柬，这既是出于礼貌，又是对来宾的一种提醒和备忘。

请柬内容主要包括活动事由、形式、时间、地点、邀请人或单位信息、着装要求等。请柬行文不使用标点符号，所提到的人名、单位名、节日名称等都需要用全称。中文请柬在行文中不提被邀请人姓名，被邀请人姓名和邀请人数都写在请柬信封上。请柬可以印刷也可以手写，但手写字体一定要清晰、美观。

请柬信封上被邀请人姓名、职务书写务必准确。重要宴会特别是大型宴会或是招待会，为便于来宾找到自己的座位并尽快入座，通常会附上宴会厅桌次席位示意图，并在信封或请柬下角注明本请柬持有人的桌（台）次号。请柬发出后，礼宾接待人员应及时电话确认出席情况；被邀人员如有变化，可及时作出安排并调整席位。

第六部分
宾馆（酒店）接待服务

123. 宾馆（酒店）如何做好高端会议接待服务工作

（1）掌握会议服务对象、人数规模、客源成分、服务要求等信息，拟订会议服务接待方案，并报活动主管单位。

（2）确定会议服务指挥员，确定重宾休息室、会议迎宾组、会议值台组、会议茶歇组等，指定专人提供专项服务（原则上不交叉使用服务人员）。

（3）确定会议场地，根据会议服务接待方案，进行会议场地布局、台形选择、台面设计及落台设计。

（4）确定会议茶歇主题、茶歇餐点与饮品种类，确保能够提供满意的茶歇服务、餐点及饮品。餐点要兼顾不同国籍、宗教信仰的国宾的口味要求，菜点配比合理。（餐饮保障，分为餐饮服务和后勤服务两部分。餐饮方面负责食品制作、食品安全及运输工作的监督和实施；后勤服务方面负责相关备餐区域卫生、保洁工作的监督和实施。）

（5）确定重宾及随行人员房间信息、行程信息。确定最佳迎接点，客人行走最佳路线，并配备指引标识，确保流线安全畅通、完好。

（6）确定会议摆台标准与物品配备，确保会议服务所需客用物品（文件夹、纸、笔、茶杯以及特色物品）。确保服务工具种类丰富、数量充足，确保安全、整洁、完好，能体现会议品位。

（7）检查会议的设备、环境、台面设计与会议文具摆台情况，检查矿泉水、热水（温度）、茶叶（品质）、毛巾（湿度）等准备情况，检查会议台面、地面及相关视听设备等，准备好台签并放置于重宾座位前方。根据活动需要配置鲜花、绿植等，并确保其安全、整洁、完好。检查讲台的灯光、花卉的高低，以及纸笔、饮用水、脚踏的放置等。

（8）确保服务人员精神饱满，制服整洁、挺括，仪容仪表仪态符合规范，能够体现会议形象和品质。

（9）强化国际会议服务接待流程与技能方面的培训，确保重宾接待过程无差错。

（10）根据会议主题为会议迎宾、值台人员以及茶歇服务人员设计服装，所设计服装应综合岗位特色、国际会议主题以及地域特色；根据需要为值台服务人员配备白手套以体现服务规格。

（11）结合会议主题、会议参加人员、会议类型以及会议规格，对台签、文件夹、纸笔、茶杯、饮品以及特色物品的摆台方式进行合理设计。

124. 宾馆（酒店）如何做好高端会议茶歇服务工作

茶歇服务是会议期间为参会人员提供咖啡、茶水、点心和水果，以会间休息、交流联谊、补充身体能量为目的的活动。

（1）会议休息前，确保各类茶点、饮料、餐具、服务用具全部摆台完毕，装饰物摆放完毕、物品要求做到齐全、完好无损、干净整洁、美观大方，茶歇主题应体现会议特色。

（2）预备工作妥当，茶歇服务人员站立指定区域内，以及时提供服务。

（3）重宾或嘉宾到来时，主动询问客人，提供咖啡或茶水服务。

（4）根据需要为重宾或嘉宾派送餐点。

（5）及时清理茶歇台面，撤去已使用过的餐具。

（6）茶歇时间结束后，收掉所有餐具，将茶歇台整理干净，换上干净台布。

125. 涉外大型接待任务前的宾馆（酒店）考察学习通常应注意哪些细节

为了科学、精准、高效地做好大型接待活动，尤其是涉外大型接待活动，接待部门或单位往往会在活动前期，组织相关单位和有关人员对已接待过此类活动的宾馆（酒店）接待服务中的细节问题进行考察学习，取人之长，补己之短。在考察学习中，需要注意的接待服务细节通常包括：

（1）宾馆（酒店）是否悬挂下榻国国旗和相关旗帜。

（2）宾馆（酒店）是否有欢迎饮品或采取其他欢迎方式。

（3）宾馆（酒店）是否设置贵宾专属接待区域。

（4）宾馆（酒店）客房数量、行政（贵宾）楼层房数。

（5）宾馆（酒店）此次会议用房数量、房间楼层安排情况。

（6）宾馆（酒店）对国籍分配的原则。

（7）宾馆（酒店）房型种类，该次会议所订房型、房价、付费方式。

（8）宾馆（酒店）会议期间是封闭式还是半封闭式。

（9）客房内针对贵宾、嘉宾有无特殊布置。

（10）宾馆（酒店）是否提供各宗教教徒（如穆斯林、犹太教徒等）客人专属用餐区域。

（11）宾馆（酒店）是否提供各宗教教徒客人医疗室、祈祷室。

（12）宾馆（酒店）通过什么方式安排各宗教教徒客人用房，房间如何布置。（如客人为穆斯林，则安排穆斯林客房和祈祷室，检查房间内是否摆放经书、小地毯和标明朝拜方向。）

（13）会议期间员工服装、服饰、仪容仪表以及服务礼仪是否有特殊安排。

（14）宾馆（酒店）对生日或生病客人有无特殊服务。

（15）会议期间宾馆（酒店）是否提供接送机等车辆服务。

（16）行李寄存或行李运送流程是否有特殊亮点。

（17）客房内是否提供直饮水。

（18）客房温度、湿度、光线、气味、鲜花、赠品、杂志、书籍、报纸等有何要求。

（19）客房内是否提供当地景点或地方文化杂志或书籍。

（20）客房每天提供报纸种类以及天气预报形式。

（21）行政楼层是否提供 24 小时贴身管家服务。（是否组建服务专员小组，提供专职专人管家服务。）

（22）会议期间，宾馆（酒店）是否有特殊针对性主题活动。

（23）行政楼层早餐是否提供穆斯林客人专属用餐区域。

（24）VIP 客人鲜花及赠品有无特殊准备。提供房间果篮服务的标准是多少。

（25）VIP 客人叫醒服务是否采用特殊方式。

（26）健身中心营业时间以及是否有针对 VIP 客人的专门服务项目。

（27）会场桌椅摆放使用什么样的家具，是现有的，还是重新采购，或外租。

（28）小语种交流如何解决。

（29）针对宗教习俗的不同，客房内是否有特殊的布置。

（30）合同与哪家单位签订，餐饮及场租费用遵照什么标准执行，是不是政府采购价格。

（31）新闻人员工作午餐如何解决。

（32）该次会议前组织了哪些专项培训。

（33）相关会议是否要求全封闭，接待服务标准是否按星级酒店规范。

（34）宾馆（酒店）门禁系统和监控系统如何运作。

（35）会场布置要符合哪些涉外礼仪标准。

（36）是否设有 VIP 卫生间（设施及物品）。

（37）灯光照度如何，使用的什么灯具。

（38）食品安全是如何监控的。（食品运输通道的每一个出入口、每一部电梯是否都必须安装门禁系统，只有厨师、食品卫生检测等专业人员持有相应门禁卡。）

（39）视觉导视系统是如何进行标识点位布局的。

（包括标牌的点位信息、中英文准确匹配性、方向指引清晰度、使用便捷程度等。）

（40）对重点服务对象和关注人有何举措。（是否将重点服务对象和关注人的照片发给有关人员，使这些重要人员在酒店每一个地方都有人认识。）

（41）如何保证活动一线接待人员的仪容仪貌。（是否外请造型师帮助员工理发，为女性员工盘头、化妆等。是否配备洗漱包，是否内装洗发露、香皂、洗面奶、毛巾、牙刷、牙膏、杯子、润唇膏等日用品。）

（42）如何做到服务人员着装与餐台颜色搭配，以及口布造型、菜单设计、餐桌配饰和餐具等相互映衬，呼应主题。

（43）宾馆（酒店）是如何做好安保工作的。（包括设施设备、人员清场、信息采集、政治审查、安检进入、封闭服务，直至结束等。）

（44）电梯困人如何解救。

（45）如何做好控梯工作。

（46）主宾、贵宾行走线路如何设置。（包括电梯、扶梯、会客点、入场、入席、伴宴、演出、互动、离场、送行等。）

（47）应急预案是如何制定的。

（48）室内温度为多少。

（49）餐厅用餐有哪些形式。

（50）餐厅的环境及装饰有什么特色。

（51）食品特色和特别推广都有哪些。

（52）送餐服务是如何进行的。

（53）酒店欢迎水果和欢迎小食的标准是多少。

（54）会议期间高级别参会人员餐具使用标准、检测范围及频次是如何操作的。

126. 高端会议服务，新入职人员岗前礼宾培训的主要内容有哪些

（1）服务技巧。熟悉会议前准备工作、迎送服务程序、会场服务程序和会后服务程序，并进行相关技能的演练（如迎宾服务、茶水服务等）。

（2）会议礼仪。对着装、发型、妆容、站姿坐姿、仪容仪表以及眼神礼仪、手势礼仪、介绍礼仪、交谈礼仪、座次礼仪、电梯礼仪等基础礼仪进行讲解，以提升职业形象。

（3）接待政策。熟悉对内对外接待政策规定和内事外事礼宾礼仪，以及服务细节和注意事项。

127. 宾馆（酒店）如何组织落实接待任务的服务保障工作

（1）接待任务准备阶段的主要工作。

①掌握情况。宾馆（酒店）总经理和分管接待工作的副总经理，要掌握当日和近期在本宾馆（酒店）的主要接待活动。重要接待任务做到以下方面：知道接待标准和服务要求；知道来宾的身份、随员和抵离时间；知道来宾在本地期间的活动安排；知道领导会见、座谈、会议的时间、地点、人数；知道领导陪餐时间、地点、人数、形式、桌数、标准、菜单和要求；了解来宾的风

俗习惯、生活忌讳等情况。

②制定方案。按照接待要求，制定工作服务方案。包括组织领导、人员分工、责任落实、岗位要求、服务流程等。

③检查落实。做好接待前期的各项准备工作。主要检查项目：来宾的住房及服务工作；来宾的就餐及服务工作（必要时可组织试餐。特殊餐料要提前做好准备）；水、电、空调、通信、音视、消防设备运行情况的检查，并安排好值班人员；环境卫生；安全保卫等。

（2）接待任务实施阶段的主要工作。

①做好迎宾、送宾工作。

②做好食宿、会议、会见、座谈等方面的服务工作。

③主动征询来宾的意见，随时改进服务，提高服务质量。

④按规定办理费用结算手续。

128. 宾馆（酒店）如何做好重宾人员的快速入住

一般情况下，礼宾接待人员应提前到宾馆（酒店）协助来宾办理入住手续。高级别的或来宾人数较多时，为了使来宾到达后直接进房，可要求宾馆（酒店）专人负责提前开启房门，并将钥匙放在室内显著位置。这种做法的前提是已将房号告知来宾。对于普通级别而人数较少的客团，可直接由礼宾接待人员在迎接现场将住房分配表及钥匙分发给来宾。必要时应安排专用电梯供客使用。

办理入住和离店手续时间每名客人应在 3 分钟以内。接待 30 人以内团体入住时间不超过 20 分钟，按每增加 10 人可增加 5 分钟接待时间计算。应在客人办理完入住手续 10 分钟以内将行李送到客房，在客人提出退房的 10 分钟内将行李取出送到大堂。团队的行李运送时间应不超过 30 分钟。

宾馆（酒店）办理重宾入住手续需要注意以下事宜：

（1）确保所有接待信息、账务信息保密，符合涉外活动规则，不得泄露重宾信息。

（2）与相关部门联络人沟通，获取重宾一行证件，做好接待登记工作。

（3）根据付款方式，提前做好重宾一行账单，并交相关联络人员确认。

129. 宾馆（酒店）怎样做好重宾迎送工作

一般来说，宾馆（酒店）的迎送不属于官方礼宾行为系列，而属于企业营销行为。为了表达对客人的重视，涉外高访团要客抵达宾馆（酒店）时，总经理可带领有关员工在门口列队欢迎并向主宾（夫妇）献花，随之由总经理引导主宾到客人房间（当地的迎送陪同主人通常在电梯口处与主宾道别）；来宾离开宾馆（酒店）时，总经理可带领有关员工在门口列队欢送。其他重宾抵离时是否迎送、由谁迎送可视情况需要而定。

送宾是宾馆（酒店）要客服务的最后一个环节。为要客送行重在送出一份尊重。

130. 宾馆（酒店）如何做好重大活动礼宾接待服务工作

（1）制定礼宾服务的接待方案，并报送相关部门。

（2）确定礼宾服务指挥协调员，及时沟通协调相关部门和人员，以保证提供安全、及时、细致的礼宾服务。

（3）成立礼仪迎接、引领、行李、接待、问询、日常服务的专项小组，指定专人提供专项服务。

（4）合理安排礼宾服务人员，确保各服务时间点能够提供专人或专组服务。

（5）安排好电梯服务人员，由礼宾员或指定人员进行专梯操作。

（6）及早掌握重宾姓名、国籍、职务、年龄、禁忌、宗教信仰、所需客房种类、生活习惯、具体抵店时间、随行人数、随行人员名单和职务、所需房间（类型及数量）、日程和具体活动安排、个人爱好及特殊要求，了解重宾接待标准和付款方式等信息。

（7）及早掌握重宾及随行人员的抵店时间、人数等信息。及时与随员沟通，确定抵店时间是否有调整，以便应对。

（8）确定重宾及随员所住楼层、房间等信息。详细了解接待单位参加人员名单、职务、房号及生活习惯。

（9）确定最佳迎接点、最佳引领服务流线，确保流线安全、畅通、完好。

（10）控制饭店门口迎接区域，避免无关人员闯入。

（11）根据重宾车队类型预留足够车位，确定车辆指引统一手势与站点，控制饭店门口及停车场车辆，保持各点间信息沟通顺畅，确保迎宾专车安全、顺畅抵店，无路线障碍。

（12）饭店安保、客房服务人员等控制好各层电梯厅，有序安排、疏散无关人士。

（13）检查礼宾所需工具、行李车或其他车辆，确保安全、整洁、完好、数量充足。如遇雨天，需要准备充足的雨伞，设置伞架，以提供雨伞服务。礼宾人员应佩戴白手套。

（14）检查迎接所需的鲜花、红地毯等，确保安全、整洁、完好，并符合接待要求。可根据外事活动的实际需要设置或增减。

（15）电梯由专业人士提前设置、检查，确保电梯安全运行。

（16）确保礼宾制服整洁、挺括，符合仪容仪表仪态规范，能够体现地域文化或饭店形象。

（17）开展接待礼仪培训，避免礼仪禁忌或不恰当的行为出现；开展服务礼仪用语、英语及客源国语言培训，能够熟练使用英语及客源国语言进行礼貌问候。

（18）及时沟通，掌握相关部门所提供的重宾基本信息，并按外事纪律要求，注意保密。

131. 宾馆（酒店）如何做好重宾要客电话服务工作

（1）根据预先制定的接待方案，开启或关闭房间电话。

（2）根据预先制定的接待方案，安装或设置专线电话、网络。

（3）房间设置"保密房"及"免打扰"电话服务。

（4）房间需要其他服务项目时，及时联系相关部门联络人。

（5）由通信部门提供专线有线及无线网络服务，保证网络畅通、安全（符合外事安全规则）。

132. 涉外重宾离店前的宾馆（酒店）礼宾服务工作主要有哪些

（1）准确了解重宾离店时间，安排足够的人力，做好各项离店服务。

（2）重宾离开前一天晚上，为重宾提供物品打包服务。

（3）重宾离开前一天晚上，征得重宾同意后为饭店题词留念。

（4）重宾离开前一天晚上，统计各项消耗费用，出团队账单，请相关人员签字。

（5）行李员提前 3 小时到场，大件行李专人负责，提前由车队送往机场或车站。

（6）重宾离店前准备红毯，欢送礼仪队列。临行前与重宾合影留念，注意拍照排序等规范礼仪，服从安排（需征询外事活动部门意见，未经许可，不可擅自行动或提出要求）。

（7）按照规范礼仪热情欢送，礼貌问候，挥手致意，目送离去。关车门时，用力要恰到好处，不能太重或太轻，同时注意不要让车门夹住衣服。关上车门后，要向后撤离车体两步，面带微笑，等重宾车辆启动离开时，挥手告别，行注目礼目送车辆离去后方能离开。

（8）重宾离店前高效、及时、仔细检查重宾房间，发现遗留物品立即上报相关联络人员。

（9）做好重宾档案，并妥善保存或处理，注意严格做好资料保密（符合外事活动规则）。

（10）认真做好工作总结，不断提高接待水平。

133. 宾馆（酒店）重宾接待游泳池服务有何要求

（1）检查游泳池各种设施设备，确保安全、完好、有效，室内做到安全、整洁、干净。

（2）配备经验丰富的游泳救生员（具有相应资格证书）。

（3）按照游泳池清洁消毒规范，清洁游泳池水面漂浮杂物，对水底杂物进行吸尘。

（4）对池水进行水质化验，确保 pH、余氯值符合游泳池规范标准要求。

（5）室内泳池水温控制应达到 25℃～29℃（温度须符合外事活动规则）。

（6）刷洗浸脚池，确保安全、清洁。

（7）清洁水池周围的环境和设施，确保安全、整洁。

（8）清洁更衣室和淋浴室，配备洗护用品、棉织品。

（9）检查灯光明暗度。

（10）配备游泳配备用品，如泳衣、泳帽等。

（11）重宾使用游泳池时，谢绝其他人员使用游泳池，确保重宾游泳期间安全、私密〔与相关人员沟通，现场是否需要安排宾馆（酒店）泳池救生员、服务人员〕。

134. 宾馆（酒店）如何做好重大接待活动的食品安全管理工作

（1）严格按照国家市场监督管理总局 2018 年 8 月发布的《餐饮服务食品安全操作规范》操作。宾馆（酒店）要严格标准，对所有餐厅食品及酒水饮料进行严格的质量控制，依据所进食品保质期的长短，相对集中购进食品，保证食品质量和安全。

（2）设立食品安全管理机构并配备专职或兼职管理人员。

（3）建立台账管理制度，建立原辅材料进货台账、使用档案和生产记录，严格过程控制。

（4）对食品进货渠道和进货环节实行严格监管。对自购食品原料索证索票率达到 100％，严把进货质量关。应要求供货单位专人专车送货。

（5）严格食品留样制度，每个品种不少于 135 克，在冷藏条件下存放 48 小时以上。存放留样食品的冰箱等设备应当专用，并由专人负责，上锁保管。

（6）严格执行从业人员健康管理制度，确保从业人员的健康状况符合要求。

（7）送餐到客房时，工作人员沿途应将食品盖好，中途不能离开所送食品。

宾馆（酒店）应符合国家有关安全、消防、食品、卫生、防疫、环保、节约、规划建筑等资质要求。

135. 高端商务会议座椅通常使用什么款式和颜色

根据国际惯例，高端商务会议座椅通常使用黑色扶手椅（若有主席台，也可以主席台上用黑色扶手椅，台下椅子用白色布套以作区别）。

136. 商务酒店与政务酒店接待场所风格有什么不同

一般来说，商务酒店接待场所讲究简约大方；政务酒店接待场所讲究民族文化，既着眼整体又着眼细节（包括中国特色、民族风格、地方特点、氛围、色彩、字画、艺术品、家具、屏风、窗帘、沙发、地毯、门、背景、桌台的位置朝向等）。

137. 传统中式餐饮摆台颜色通常是哪三种

传统中式餐饮摆台的颜色，通常为红、黄、白三种色彩搭配组合，并以一种颜色为主基调。

138. 公务接待活动是否摆放烟灰缸

所有公务接待活动，一律不允许摆放烟灰缸，室内不许吸烟。

139. 西餐摆台的长条桌有几种规格

主要有两种：

一是用 1.8 米×0.75 米的长条桌拼合而成，主要用于西餐宴会、自助餐餐台等；

二是用 1.8 米×1 米的长条桌拼合而成，主要用于自助餐餐台、西餐套餐等。

140. 餐厅常用桌布、口布规格有哪些

（1）桌布规格。

1.8 米×1.8 米，供 4～6 人餐桌用；

2.2 米×2.2 米，供 8～10 人餐桌用；

2.4 米×2.4 米，供 12 人餐桌用；

2.6 米×2.6 米，供 14～16 人餐桌用；

1.8 米×3.6 米，供西餐长台使用。

（2）口布规格。

46 厘米×46 厘米；

51 厘米×51 厘米等。

141. 如何设置会议室、餐厅（宴会厅）的室内温度

会议室：夏季 24℃～25℃；冬季 20℃～22℃。

餐厅（宴会厅）：夏季 22℃～24℃；冬季 18℃～20℃。

142. 什么是前厅礼宾服务

前厅礼宾服务通常就是在宾客下榻饭店和离店时，饭店为客人提供的迎送、引领、行李、接待、问询，以及其他一些服务。

前厅服务主要包括礼宾服务、接待服务、电话服务。

143. 如何做好重大活动中的前厅礼宾服务准备工作

（1）制定礼宾服务的接待方案，并报送相关部门。

（2）确定礼宾服务指挥协调员，及时沟通协调相关部门和人员，以保证提供安全、及时、细致的礼宾服务。

（3）成立礼仪迎接、引领、行李、接待、问询、日

常服务的专项小组，指定专人提供专项服务。

（4）安排好电梯服务人员，由礼宾员或指定人员进行专梯操作。

（5）及早掌握贵宾及随行人员的抵店时间、人数等信息。及时与随行人员沟通，确定抵店时间是否有调整，以便应对。

（6）确定贵宾及随行人员所住楼层、房间等信息。

（7）确定最佳迎接点、最佳引领服务流线，确保流线安全、畅通、完好。

（8）根据贵宾车队类型预留足够车位。

（9）饭店安保、客房服务人员等控制好各层电梯厅，有序安排、疏散无关人士。电梯由专业人士提前设置、检查，确保电梯安全运行。

（10）检查礼宾所需工具、行李车或其他车辆，确保安全、整洁、完好、数量充足。如遇雨天，需要准备充足的雨伞，设置伞架，以提供雨伞服务。礼宾人员应佩戴白手套。

（11）检查迎接所需的鲜花、红地毯等，确保安全、整洁、完好，并符合接待要求。可根据外事活动的实际需要设置或增减。

144. 宾馆（酒店）如何做好重大活动前厅门前迎接的礼宾服务

主要包括门口迎接、房间引领服务。

（1）了解车队抵达宾馆（酒店）的具体时间。

（2）确定迎接人员站位。迎接人员通常由宾馆（酒店）高层管理者、前厅部经理、礼宾员（金钥匙）、礼仪等人员组成。

（3）开车门服务。开车门服务需事先与相关部门沟通，确认是否由礼宾员（金钥匙）提供此项服务。如需提供，确保人数足够的礼宾人员为贵宾车队提供开车门服务，并送上欢迎语。

（4）献花服务。贵宾下车，与接待部门领导握手后，礼仪人员送上具有"欢迎"寓意的手捧鲜花，以英语或客源国语言说出欢迎语，全体成员行鞠躬礼以示欢迎（迎接服务须符合外事活动规则）。

（5）引领服务。礼仪人员按规范为贵宾提供引领服务。

（6）电梯服务。根据贵宾人数安排专梯数量，避免出现等候状况。

预先安排礼宾员（金钥匙）/安保人员在电梯内进行专梯操作。

贵宾及主要随行人员进入电梯时，礼宾员（金钥匙）按规范问候，礼仪人员则最后进入，立于礼宾员（金钥匙）同侧。电梯抵达贵宾所在楼层时，礼宾员（金钥匙）控制好电梯门，礼仪人员先离开电梯，立于一侧，与楼层迎接人员共同迎候贵宾一行。

145. 宾馆（酒店）如何做好重大活动贵宾离店时的送行服务工作

（1）贵宾离店前准备红毯，欢送礼仪队列。临行前与贵宾合影留念，注意拍照排序等规范礼仪，服从安排

（需征询外事活动部门意见，未经许可，不可擅自行动或提出要求）。

（2）按照规范礼仪热情欢送，礼貌问候，挥手致意，目送离去。关车门时，用力要恰到好处，不能太重或太轻，同时注意不要让车门夹住衣服。关上车门后，应面带微笑，等贵宾车辆启动离开时，挥手告别，目送车辆离去后方能离开。

（3）贵宾档案要妥善保存或处理，注意严格做好资料保密事宜。

146. 宾馆（酒店）如何做好重大活动行李服务工作

大件行李由行李员负责运送；随身行李由礼宾员（金钥匙）、礼仪人员或随行人员负责协助。

（1）行李确认。行李运送前须与随行人员或相关联络人做好确认工作。

贵宾行李从贵宾行李专车或贵宾随行车辆上取下时，首先确认主要贵宾行李，并由行李员进行专人运送。其他随行人员行李，与行李车队司机或相关联络人确认数量和有无破损后，根据房间分配表进行运送。

（2）行李离店。根据贵宾离开时间，等候在贵宾所在楼层，并准备好行李打包工具、行李车、行李专梯（通常贵宾离开前一天晚上，为贵宾提供物品打包服务）。按礼仪规范进入贵宾房间，询问并拿取需要运送的行李，将行李送到贵宾车辆或行李专车上，做好确认交接工作。

147. 宾馆（酒店）如何做好重大活动客房垃圾处理工作

（1）垃圾确认。夜床服务、整房工作中均需进行垃圾清理，因此垃圾确认十分关键，避免将"非垃圾"物品视为垃圾。通常果壳、果皮、扔进垃圾筒内的物品可视为垃圾，对于写有字的纸片、报纸等，不能视为垃圾进行处理，而应妥善整理。

（2）贵宾房间的垃圾不能与普通垃圾混放，需进行专门处理或销毁。非腐坏类物品可等贵宾离店后进行统一处理或销毁。

第七部分
迎送、乘车、陪同服务

148. 国内公务接待迎送如何确定礼宾规格

迎送礼仪是公务接待活动使用最多的礼种之一，也是公务接待一项十分重要的工作内容。可以说，迎送是整个公务礼宾接待活动中"第一时间、第一服务、第一印象和最后环节、最终记忆"的工作。

迎送涉及礼宾规格，对于国内公务活动中的礼宾规格，中央和各地党委、政府均有制度规定，不同的任务有着不同的要求，必须严格执行。

（1）中央领导同志抵达本地时，相应安排党委或人大、政府、政协对口秘书长到机场、车站、码头迎接，省（区、市）党委书记或省长（主席、市长）和其他省级领导在第一考察点迎接，至最后一个考察点送行，或在驻地迎接。迎接礼仪一切从简，不组织迎接队伍，不悬挂或张贴欢迎标语、横幅，不摆放花草，专机、专列前和考察点一律不得铺设迎宾地毯。

迎接人员要求如有变化，按中共中央办公厅、国务院办公厅指示安排。

（2）中央国家机关副部级以上领导同志、外省（自治区、直辖市）副省级以上领导同志到来，相关秘书长或副秘书长和工作人员到机场、车站或码头迎接；乘汽车来访时，到入（出）高速路口引领。参加陪同的当地领导在考察点或驻地迎接。

（3）兄弟城市市委书记、市长、市人大常委会主任、市政协主席及所带领的考察团来访，市委、市政府、市人大常委会、市政协秘书长迎接。兄弟城市副市级领导及所带领的考察团来访，一位相关副秘书长迎接。兄弟城市领导来访，秘书长或副秘书长和工作人员到机场、车站或码头迎接；乘汽车来访时，到入（出）高速路口引领。当地市领导同志在参观点、考察点或驻地迎接。

（4）县（市、区）领导的迎接可参照地市级进行。

149. 地方外事接待活动如何确定礼宾规格

国宾、党宾等重要外宾访华时，除我国首都北京，有时还访问外地其他城市。对于地方外事接待工作而言，确定礼宾接待规格的主要依据，一是国家外交政策的需要，二是外宾的身份，三是上级部门的要求（通常可参照访问北京时的有关安排）。下面以某省人民政府和某省辖市人民政府接待安排举例如下。

（1）某省人民政府外事接待礼宾规格确定。

①迎送。

外国国家元首国事访问、政府首脑正式访问由省人民政府负责人前往机场（车站）迎送。当来访国宾抵达省会城市机场时，可由外交部陪同或省外办负责人登机请国宾下机，省人民政府负责人前往机场迎接。当国宾从省会城市结束访问离开本省时，可由省人民政府负责人前往机场送行。下榻宾馆挂来访国国旗（或元首旗）。座车挂来访国国旗（或元首旗）。

外国国家元首、政府首脑工作访问、非正式访问及私人访问由省人民政府负责人前往机场迎送。如所访外地是非省会城市，省人民政府负责人不需专程前往迎送。挂旗同正式访问。

外国国家元首、政府首脑度假访问、过境或来华治病由省政府外事办公室负责人迎送。住地和座车不挂国旗。

外国国家副元首、副总理、副首相、外交部部长、王室成员等重要外宾，无论是正式访问，还是工作访问，抵离外地城市时，均由省政府外事办公室负责人迎送即可。下榻宾馆挂来访国国旗，座车挂来访国国旗（王室成员来访时则在其住所挂王旗或王室成员旗，座车挂王室成员旗）。

②会见（宴请）。

外国国家元首国事访问、政府首脑正式访问或工作访问，以及非正式访问和私人访问由省人民政府主要负责人会见并宴请。但如系工作访问、非正式访问或私人访问，且所去外地不是省会城市，省人民政府负责人不需专程前往会见、宴请。

外国国家元首、政府首脑度假访问、过境、来华治病及外国国家副元首、副总理、副首相、外交部部长、王室成员来访由省人民政府负责人会见并宴请。如所去外地是非省会城市，省人民政府负责人不必专程前往会见、宴请。

党宾等重要外宾的接待，按上级要求办理。

大型活动外事迎送，以杭州 G20 活动为例，迎送人员组成包括礼宾司官员、我驻所在国大使、浙江省一位领导和杭州市一位领导。

（2）某省辖市人民政府外事接待礼宾规格确定。

①迎送、陪同。

国家元首、政府首脑级外宾由市长或副市长、市外事办公室负责人出面迎送。视情况由市长或副市长陪同活动。

副总统、副总统级外宾由副市长、市外事办公室负责人出面迎送。视情况由副市长陪同活动。

议长级外宾由人大常委会主任或副主任、市人大外委会主任（或相应领导）出面迎送。视情况可由市人大常委会副主任陪同活动。市外事办公室负责人出面与否视情况而定。

副议长级外宾由市人大常委会副主任、市人大外委会主任出面迎送。由市人大常委会副主任陪同活动。

部长级（包括副部长级）外宾由政府秘书长（副秘书长）或有关部、委、办、局领导出面迎送并陪同活动。

党宾根据上级接待部门的指示确定迎送和陪同的规格。（党宾的到来，按惯例由党口负责。）

通常地方外事接待的陪同规格可按迎送规格来安排。出面迎送的领导一般也就是陪同外宾参观活动的领导。

如因特殊原因需要提高或降低规格，必须征得上级外事部门同意后方可进行。

②会见、会谈和宴请。

通常会见、宴请的规格高于迎送、陪同的规格。一般可按以下原则安排：

国家元首、政府首脑级外宾到地方访问，由市长出面会见、宴请。

副总统、副总理级外宾由市长或副市长出面会见、宴请。

议长级外宾由市人大常委会主任出面会见、宴请

（应本市邀请的，酌情安排拜会市政府）。

副议长级外宾由市人大常委会主任或副主任出面会见、宴请。

与本市结为友好城市的市长由市长出面会见、宴请。

部级（包括副部级）外宾可根据需要分别由副市长或秘书长（副秘书长）或有关部、委、办、局领导出面会见、宴请，或者由副市长出面会见，有关部、委、办、局领导出面宴请。外交部部长及其他重要部长级外宾，应安排副市长会见宴请。

党宾的会见、宴请规格原则上根据上级指示要求确定。（按惯例，外国政党代表团来访，由市委书记、市委副书记或市委秘书长会见、宴请。）

外国知名金融、企业界的领导人、重要社团组织负责人，可视情况分别安排市委、市人大常委会、市政府、市政协的领导会见或宴请。

外国驻本地总领事到任、离任，由副市长会见。根据需要，请市长在适当的时候会见领事团。

外国知名人士来访，请一位市领导会见或宴请。

150. 什么是"迎宾线"

迎宾线是指主人迎接客人、下级迎接上级时迎接人员所处的位置界限。迎宾线的设置应视需要而定，例如，冬天或雨天室内活动迎接时，迎宾线通常可以设在客人进门存衣之后，进入会客厅、休息厅或宴会厅之前的位置。

151. 迎（送）宾站位有何讲究

公务接待活动中客人抵离时，迎送客人的主要领导的站位主要取决于迎送的对象、规格、规模、性质、地点、场合、场面等诸多因素，不同的需要有着不同的迎送方式和站位要求。礼宾接待人员要事前向迎送领导同志介绍其所站位置和有关礼仪细节。重要的外事接待任务有时还需要礼宾接待人员先行登机（火车、轮船）接请。

迎送人员按礼宾次序排列在迎宾线站位。迎接时，职务高者在前；送别时亦可职务高者列后。一般情况下，迎宾线安排在面向飞机、火车或船（舷梯）的右侧约 1米左右的地方；如来宾乘坐汽车，由于主宾坐在主车后排右侧位置上，则迎宾线通常安排在主车前进方向的右侧。重要来宾车门的开启，一般是由随车警卫负责。否则按照事前分工由接待人员为来宾开启车门。

如是会见或宴会时的迎送工作，当来宾抵达时主人及出席作陪的主要人员，应在所设置的迎宾线处迎宾。为确保按时迎宾，同时又不使出面迎送领导同志站立等候的时间过长，礼宾接待人员要专人负责，在来宾到达之前适时提请出面主人到位。

迎送分为迎接和送行两个环节。二者是一个活动的两个部分，在站位的要求上基本一致。

152. 迎送地点通常设在哪里

根据来宾抵离时所乘坐的交通工具，迎送通常会在下列地点进行：

（1）交通工具停靠站，如机场、车站、码头。

（2）来宾下榻处，如宾馆、酒店。

（3）标志性场所，如广场、大厅。

（4）会见、会谈活动地点，如办公大楼、会客厅、会议厅、宴会厅门前。

（5）视察点，如机关、企业、社区、农村、部队。

（6）其他指定位置。

陪同调研考察时，通常当地主要陪同人员在来宾到达时的第一考察点迎接，并在最后一个考察点送别。

153. 迎接时如何介绍

来宾与迎接人员见面时，互相介绍要先后有别，次序合理，时机得当。通常先将前来迎接的人员介绍给来宾，介绍的次序如下：先将下级介绍给上级，后将上级介绍给下级；先将主人介绍给客人，后将客人介绍给主人。

介绍时，可由接待工作人员介绍，也可以由迎接人员中职务身份最高者介绍。具体做法是，先提客方领导姓名、职务，再介绍主方迎接领导姓名、职务，如"刘市长（客方），这是我市赵市长（主方）"。介绍时，应使用尊称，如官衔、职称、军衔、先生、同志等。

自我介绍时，四个要素齐全，即单位、部门、职务、姓名，如"我是某某接待办公室接待处处长某某某"。

按照惯例，迎送见面使用握手礼时的先后顺序为：

迎接客人，主人先伸手，表示欢迎；送别客人，客人先伸手，表示道别。内宾接待时，这一原则也可灵活掌握，无论谁先伸手，对方一般都不会拒绝。新冠肺炎疫情期间，为了防止病毒交叉感染，也可将握手礼改为抱拳拱手作揖礼、碰肘礼、点头礼、注目礼、微笑等。

不按礼宾顺序的介绍或打招呼是不礼貌的。

154. 迎接时如何献花

（1）时机掌握。献花的时机，通常掌握在参加迎接的主要领导与主要客人握手之后，将花献上。

（2）献花次序。一般是女童向男主宾献花，男童向女主宾献花。

（3）素质要求。重要活动的礼宾献花，遴选的献花儿童应品学兼优、仪表端庄、举止大方、表达能力强，年龄在 9～10 岁为宜，并应有专人照管和事先演练有关程序，遴选人数视需要而定。儿童献花时要分别说一声：欢迎到××来（当主宾主动亲吻儿童的脸颊或与儿童握手时，献花儿童应欣然接受）。如因特殊情况安排不了儿童，亦可安排女青年献花；如果没有安排专人献花，也可以由主人在与客人握手后，从身后随员手中接过鲜花亲自献上。

（4）花卉忌讳。选用鲜花时要考虑到来宾的习俗和对鲜花的忌好。例如，有的贵宾夫人对鲜花过敏，欢迎仪式中的鲜花就用丝巾取代。房间里的鲜花也改用文竹、富贵竹代替。

（5）鲜花质量。所献的花，必须是鲜花，并且气味、花粉不得对客人造成身体上的不适。注意花卉形状，保持花束整洁、鲜艳，忌用菊花、杜鹃花、黄色花朵。重要活动的献花应事先交给安全警卫人员检查。

需要说明的是，献花礼仪常用于高端涉外礼宾活动，迎接普通外宾一般不需要献花，内宾接待按规定不得安排。

155. 迎接时如何陪车

主人陪同客人乘坐小轿车，应请客人坐在主人的右侧。在上车时，礼宾接待人员应注意请客人（主宾）从右侧门上车，让主人从左侧门上车，以免双方坐错位置。如果客人上车后坐到了主人的位置上，则不必请客人挪动位置。

上下车时，车门的开启通常由专人或由门童负责，接待办人员一般不要开启车门，特殊情况例外。

主人陪同客人乘坐中型或大型旅行车时，也应遵循"主左客右"原则，宾主就座于上下车方便、视野较好以及安全舒适的座位上。

156. 迎接时如何引领

引领时，接待人员通常在来宾左侧面 1 米处与来宾前往，将中间位置让给主宾。导向时，五指并拢以立掌方式指路（指向服务：右手五指并拢伸直，手与地面呈 45°角，手心斜向上方，指尖指向行进方向，肘关节微屈。同时微笑看着对方，点头示意"请这边走"）。遇有转弯应提前向主宾示意。

复杂路段引领时，接待人员应根据路况、环境等因素选择合适的站位和走位（单行道时，引领者在前，来宾在后，起到带路的作用；并排时，引领者在外侧，来宾居内侧，也就是将道路安全的一侧留给来宾），并根据客人的走向随时调整自己的走位。引领指示时，应注意引导速度不可太快，并提醒主宾注意方向及脚下障碍。

帮提行李引领时，接待人员应使用外侧手提拿行李，在来宾侧前方行走。

出入宾馆、会场等大门时，接待人员要主动先行一步。如果门是往里推的（内开门），接待人员推门先进，客人后入；如果门是往外拉的（外开门），接待人员拉开门请客人先进，接待人员后入（拉门或推门时，接待人员要处于门后或门边，以方便客人进出）。如果是旋转门，应按照内开门操作，接待人员先进，客人后入。引领客人出入无人服务的电梯时，引领者应先入后出；出入有人服务的电梯时，引领者应后入先出。

行进中，如果是主人陪同客人、下级陪同上级，通常应按照下列原则行走：

（1）坚持"以前为尊"的原则。

（2）坚持"以内（里）为尊"的原则。

（3）坚持双人行走"以右为尊"的原则。

（4）坚持三人行走"中、右、左"的国际惯例和"中、左、右"的中国习惯原则。

157. 如何做好机场（车站、码头）迎接时的礼宾接待工作

按地点不同，迎接可以分为机场迎接、火车站迎接、码头迎接和宾馆迎接等。这里讲的迎接，是指在机场（车站、码头）接机或接站时的礼宾接待工作。

（1）抵达方式。确认来宾所乘航班（车次、船次）抵达时间、地点、人员，以及所乘等级和停靠位置。飞机：专机、公务机、头等舱、公务舱（商务舱）、经济舱（普通舱）。火车（高铁）：专列、公务车厢、商务软卧、硬卧等。客船：一等舱、二等舱等。自带车：车号、车型、数量。

（2）落实礼遇。协调机场（车站、港口）做好接待准备，安排应享礼遇。衔接好领导、工作人员、车队进站进机场、接站接机事宜，包括迎接人员出入机场（车站、港口）的身份证件、手续办理、礼仪通道、摆渡车辆、休息厅的安排使用，以及提醒和催请事宜。并引领迎接人员提前到位。

（3）迎接地点。确定接机接站位置。迎接地点通常设在舷梯、廊桥、贵宾室、站台、出口处等位置。

（4）通信联络。备好通信工具及联络方式，确保通信联络畅通。

（5）集结出发。协调落实前往迎接的领导及工作人员（服务人员视情况而定），安排集结出发地点、时间、路线、乘坐车辆（行李员和行李车、备用车）等事宜。确定当地主要领导的迎候时间和地点。

如果当地领导在驻地迎候，或在指定地点迎候，接到来宾时，则应及时向来宾或上级领导说明。

（6）分发接待手册。来宾上车后，接待人员要与来宾随行的工作人员迅速对接清点人数，及时分发接待手册（亦可在上车前或休息室等场合择机分发），并通知驻地接待人员和宾馆做好迎接准备。

（7）行李运送。来宾人数较多时，应安排专人、专车负责提前主动与对方负责行李的工作人员联系，对接好托运行李物品的数量清点和转运事宜。

接到来宾后，省部级以上的代表团应直接乘车离开机场（车站），双方留下工作人员提运行李。厅局级以下团组可安排在贵宾室稍事休息，等候片刻，待行李提取后离开。如果代表团已提前在行李的标签上写好房号，接待人员可按房号将行李送到房间。

总之，迎接时的礼宾安排应该做到紧凑有序、无缝对接、环环相扣，避免出现活动脱节、久等和冷场。

158. 来宾下榻宾馆（酒店）时如何引领

当重宾车辆抵达宾馆（酒店）时，宾馆（酒店）通常要有适当的工作人员列队迎候并鼓掌欢迎。

如果是外宾，则由接待人员和宾馆（酒店）总经理陪同到房间，稍作停留后离开房间，陪同的中方领导同志在大厅与外宾握别即可；国内重要贵宾的引领入住则应根据情况而定（通常由陪同领导和接待人员负责引领至房间）。

159. 宾馆（酒店）迎接重宾入住时的服务流程是什么

（1）重宾抵达楼层前，迎接及礼仪人员应根据楼层具体布局、电梯厅空间大小确定迎接站位及人数。迎接人员由宾馆（酒店）高层管理者、客房部经理、礼仪等人员组成。

（2）客房迎接人员与相关人员保持沟通，及时掌握重宾抵店具体信息与时间。

（3）电梯抵达楼层，礼仪人员要控制好电梯，确保重宾一行安全离开电梯。

（4）礼仪人员按规范礼仪问候，并引领重宾至客房。全体迎接人员行鞠躬礼，以示欢迎。

（5）房间门口迎接人员可由客房部经理承担，房门事先打开，取电牌事先插好，温度湿度适宜（与贵宾随行人员提前确认）。

（6）重宾抵达客房时，客房部经理按规范礼仪问候，并请重宾入内。

（7）重宾进入房间后，礼仪人员及时送上欢迎茶点，并作简单介绍。

（8）所有服务完毕后，礼仪人员按规范礼仪道别，并带上重宾房门。

160. 送站（机）时的接待工作主要有哪些

送行是接待活动的最后环节，也是礼宾活动的重要形式。

送行时的工作程序、礼宾服务与迎接大致相同，同样要根据礼宾规格来安排。包括送行流程、送行方式、送别站位、送行领导、送行地点、送行车辆；所乘航班号、飞机机型（是头等舱、公务舱，还是普通舱），所乘火车人数、车次、车厢号、发车时间、目的地、停靠站台；是否正点，天气如何，机（车）票在谁手中，证件是否带齐，登机或乘车手续的办理、行李的托运是否有专人负责，是否需要使用贵宾室、礼仪通道，以及需进入机场（站台）的车辆数及车号等。将上述有关信息提前通知机场或车站有关部门，做好接待工作（副国级以上海关免检，部级以上免安检）。

（1）掌握来宾离开的时间、航班、车次，并及时通知来宾做好准备。

（2）通知机场或车站做好送站接待准备；需用贵宾室时，应提前予以准备。

（3）通知送站领导和有关人员，明确集中地点、出发时间、乘坐车号（陪同领导亦可在来宾下榻的宾馆处告别）。

（4）送行的所有车辆应提前 15 分钟到达指定位置，并按车序排列。

（5）来宾人数较多时，安排专人、专车负责行李托运，提前通知行李集中的时间、地点，统一配挂行李标签（标牌），与机场、车站协调提前做好安检、包装，以及接应等工作。（行李车到达机场、车站，卸完行李后，接待人员还要仔细核查行李件数。无论行李提取、分送、收取，还是托运，最好请对方派人配合，以防遗漏。）

（6）若是重宾，应按照规定提前办理免检、进停机坪或站台的有关手续。

（7）核实航班或车次抵达时间、地点有无变化以及停靠的准确位置。飞机或车次因故误点时，及时报告领导，通知有关部门。

（8）一般客人送至候机（车、船）大厅即可。重要客人按规定送至指定位置，如舷梯（车厢、船舱）等处，送站人员应在确认来宾所乘飞机（车、船）启动后方可离开。

送行时，同样要有时间观念，要有风险意识，充分考虑未知因素。要留有足够的时间，"事前安排为主，事后措施为辅"，确保送行工作万无一失。"最初的"和"最后的"感受，都能给来宾留下深刻的印象，"最初的"印象尚可弥补，而"最后的"感受和印象往往无法改变。从这个意义上讲，送行阶段的意义不亚于迎接阶段。

161. 乘坐轿车时的座位如何安排

乘车的座位安排应遵循双数以右为上、主随客便原则。具体座位安排如下：

（1）小轿车的座位，如果由专职司机驾驶，则以后排右侧为首位，左侧次之，中间座位再次之（由于接待活动中，此座基本不坐人，故在图中省略此位），前排司机右侧座位为末席。如图 7 - 1 所示。

小轿车
（专职司机驾驶）

图 7 - 1

注：主人陪同乘车时，应请客人坐在主人的右侧。上车时，请客人从右侧门上车，主人绕到左侧开门上车，不可从客人座前穿过。如果客人先上车，坐到了主人的位置上，则不必再请客人挪位。

（2）如果主人亲自驾驶（非正式场合），以驾驶座右侧为首位，后排右侧次之，左侧再次之，而后排中间座为末席。如图 7 - 2 所示。

小轿车
（主人驾驶）

图 7 - 2

（3）涉外活动，汽车上国旗以汽车行进方向为准，驾驶员左手为主方国旗，右手为客方国旗。

162. 乘坐面包车（商务车）时的座位如何安排

面包车以驾驶员座位的后一排（即第二排）为尊，后排依次为小；其座位的尊卑为右高左低，以此类推。如图 7-3 所示。

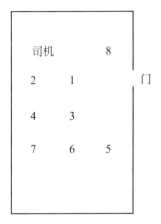

面包车

图 7-3

163. 乘坐中型或大型车时的座位如何安排

乘坐中型或大型车时，通常应以距离前门（上下车门）的远近、上下车方便程度、视野好坏以及安全舒适度等要素来确定座次，离前门越近，座次越高；各排双人座位"右高左低""主左客右"（如果客人上车后坐到了主人的位置上，则不必请客人挪动位置）。如图 7-4 所示。

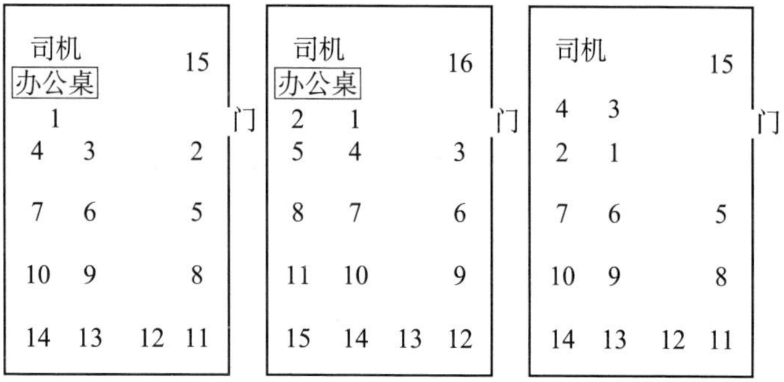

中轿车（1）　　　中轿车（2）　　　中轿车（3）

图 7 - 4

164. 乘坐观光车、摆渡车时的座位如何安排

观光车也是公务接待活动中常用的交通工具，主要用于参观考察、短途客人接送等。观光车的座位安排如图 7-5 所示。

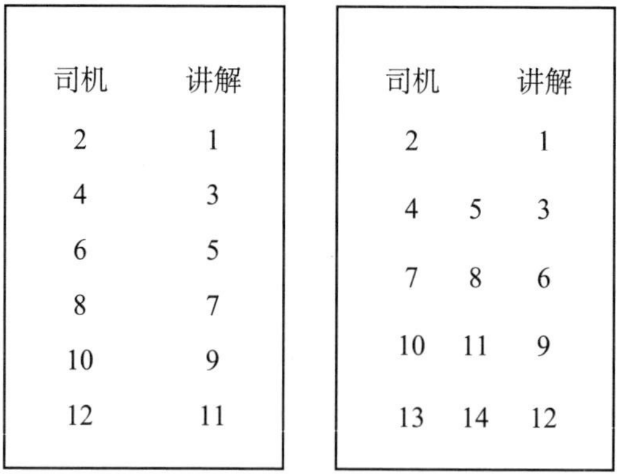

观光车（1）　　　　　观光车（2）

图 7 - 5

165. 怎样安排接待任务用车

公务接待用车是公务出行的重要内容。

（1）根据任务需要安排车辆型号和数量，并要求车管单位对任务车辆性能状况进行安检（包括制动、传动、转向、电路、油路、空调、音响等系统），车辆干净整洁，驾驶员素质优良，确保提供优质的车辆服务。

（2）执行接待任务时，有关的接待车辆应按时抵达指定地点，并听从指挥，按号排列车队。通常等级任务车辆的使用安排由接待部门负责，而统一调度指挥则由警卫部门负责。等级任务车辆须经警卫部门安全检查，车辆安检后，由警卫部门在指定地点统一封存看管。原则上，接待任务期间车辆都是固定使用。

（3）根据"轻车简从"的要求，接待任务主车一般使用中巴车，但在高原、边远山区、路况差的特殊情况下，为了确保安全，应考虑使用越野车，且所用车辆已行驶里程应在 10 万公里内。如到高海拔地区，要准备足够的氧气。

（4）重宾座位上方空调一般处于关闭状态，需要时开启。

（5）主车座位分配要征求上级主管部门意见。以省级接待任务为例，一般情况下主车安排 1～3 个座位给省领导（书记、省长等），市、县留 1 个座位。

（6）安排座位要留有余地。重要任务座位不能安排太挤，更不能让来宾坐在加座上。通常商务面包车、中轿车和大轿车安排的人员为车辆核定载客人数的一半或三分之二。中轿车（26 座）宜安排 13 人左右乘坐，大轿车（33 座）宜安排 25 人乘坐。

（7）视情况准备机动车（大型高访团，往往人多事杂，通常需要安排相应的机动车作为备用车辆，以备应急使用）。机动车通常置于车队的末尾。原则上，当地陪同领导自带车辆不得编入任务车队，应在指定地点等候。

（8）主车物品配备：接待手册、矿泉水、热水、小毛巾、抽纸、本省市地图、雨伞、红外体温枪、免洗消毒液、消毒湿纸巾、医用防护口罩、一次性手套、密闭式垃圾桶、清洁袋、充电装置、常用办公用品等。对于执行边远地区，尤其是高海拔地区的接待任务，因为常常是远距离、跨区域、跨文化、高强度、点多、面广、战线长，所以还应配备常用药品和足够的氧气。（公务接待车辆服务保障车上用品，主要包括以下几类：办公用品类、医用物品类、卫生保洁类、小食品类。）

166. 怎样编排大型公务接待活动车队

编排大型礼宾接待活动车队通常要做好以下几项工作：

（1）车队在选择车辆时，车型、外观颜色应尽量一致。

（2）车队同时有大、中、小三种车型时，通常排列次序是中巴车为首，小车收尾（与外事接待任务有别）。

（3）车队应制作统一识别的车贴编号，小车车贴编号分别放置在前风挡副驾驶员上方和后风挡上方正中，中巴以上车型放置在前风挡副驾驶员下方和后风挡下方正中。

（4）为便于来宾和陪同人员辨认自己所乘坐的车辆，

车辆的编号一般使用阿拉伯数字（如1，2，3）和汉字大写数字（如壹、贰、叁）"双号混编"的方法。其中，使用阿拉伯数字编号的车辆由来宾（一般陪同人员）乘坐；使用汉语大写数字编号的车辆由陪同领导乘坐；通常0字编号（如0，00，001，002……号）的车辆是工作用车，由礼宾接待、主要警卫以及其他有关工作人员乘坐。

（5）由不同宾馆车队向同一地点集结时，制作车贴编号应标注宾馆名称或团队名称；车队每辆车均应配备跟车人员，负责本车的联络与服务工作。

（6）接待高级别的外事代表团时，如需要挂车旗（车用小国旗），必须使用有旗杆的车辆作为主车。车旗的位置是，以司机座位的面向为准，左手方为东道国国旗，右手方为客方国旗。

（7）客人上下车时，司机不应留在座位上，而应立刻下车为客人开关车门（如主宾配有随从警卫，由随从警卫为其开关车门）。客人在参观考察时，司机不得随意离开驾驶车辆。

（8）根据需要提前将有关活动日程告知驾驶员，包括集结地点、出发时间与行走线路等内容，让司机提前做好准备工作。

（9）司机应衣着整齐，注意仪表仪容和礼貌待人，并注意车辆及时保洁。

167. 一般性接待任务对车辆保障工作有哪些要求

（1）一般任务，接待车辆要在出发前15分钟准时到位，确保车况良好，车容整洁，车内整齐、美观，做到无灰尘、无烟灰、无蚊蝇、无异味。

（2）配备必要的季节性随车物品，包括矿泉水、雨伞、抽纸、湿巾、垃圾袋等基本应急服务保障用品。

（3）了解接待任务的日程安排及行车路线。客人下车考察时，驾驶员应在车上等候，并做好车辆的卫生清洁工作。任务结束时，要提醒客人检查各自的行李物品，防止遗漏。

（4）遵守道路交通规则，服从交通警察指挥，确保行车安全。

（5）热情礼貌。与客人交流时，除非客人主动问话，否则一般不主动插话。不在车内抽烟，不疲劳驾驶，不酒后驾驶。

（6）大型公务接待活动，车队应制作统一的车贴编号，贴在车辆的前后挡风玻璃适当位置。

168. 如何编排外事礼宾车队

重要礼宾车队通常由以下车辆组成：

（1）清障车；

（2）开道车；

（3）礼宾车；

（4）指挥车；

（5）前卫车；

（6）主车；

（7）中方后卫车；

（8）外方后卫车；

（9）主车备用车；

（10）配偶车；

（11）中方大使车；

（12）外方代表团其他人员用车；

（13）中方工作车；

（14）行李车；

（15）收尾车等。

其他级别外事团组可由警卫部门调整车队规模。

接待高级别的外方代表团时，如需要挂车旗（车用小国旗），必须使用有旗杆的车辆作为主车。车旗的具体挂法是，以司机座位的面向为准，左手方为我国国旗，右手方为外方国旗。

169. 什么是礼宾接待规格

礼宾接待规格，是指在公务接待活动中按照制度规定和程序接待来宾的标准和要求。原则上接待对象决定礼宾规格。礼宾规格在公务接待活动中，主要表现在迎送、陪同、陪餐、会见、会谈、车辆、食宿、日程、警卫等方面的礼遇安排。

确定会见、宴请（陪餐）规格的依据与确定迎送、陪同规格是一致的，通常会见、宴请（陪餐）的规格不低于迎送、陪同的规格。出面迎送、陪同的领导按惯例也会参加陪同会见和宴请（陪餐）活动。

中共中央办公厅印发的《关于持续解决困扰基层的形式主义问题为决胜全面建成小康社会提供坚强作风保证的通知》，再次对调查研究改进作风作出明确规定，

"不得要求主要负责同志出面接待"，给有关"主要负责同志"是否出面，提供了极大的工作空间。地方主要负责同志的工作头绪很多，怎么陪，还是要根据工作需要。工作性的应陪必陪，专业性的可安排有关专业技术人员陪同，礼节性应酬则可不陪。

170. 地方党委、政府领导陪同工作是如何安排的

（1）省级陪同。

①陪同考察调研。

中央政治局常委同志到地方考察调研，中央和国家机关有关部门陪同人员一般不超过五人，省（自治区、直辖市）陪同的负责同志一般不超过两人。由省（自治区、直辖市）党委书记或省长（主席、市长）、一位分管负责同志陪同，省（自治区、直辖市）党委书记或省长（主席、市长）可以一人全程陪同，也可以两人轮流陪同。根据工作需要，在个别考察点可视情况安排省（自治区、直辖市）党委书记和省长（主席、市长）同时陪同。省直有关部门负责人在考察点迎候，如需全程陪同，不得带随员。

其他中央领导同志到地方考察调研，中央和国家机关有关部门陪同人员一般不超过两人；省（自治区、直辖市）由一位分管负责同志陪同，省（自治区、直辖市）党委书记或省长（主席、市长）不陪同。

中央领导同志到企业、农村、街道社区等基层单位调研，所在市（地、州）、县（市、区、旗）各安排一位党政主要负责同志陪同。

②陪同工作用餐。

陪同中央政治局常委、政治局委员、书记处书记、国务委员以及曾经担任中央政治局常委职务的老领导用工作餐，原则上由省委书记、省长、省委秘书长或一名分管省领导参加（"两办"另有要求的除外）。陪同曾经担任中央政治局委员、书记处书记、国务委员职务的老领导用工作餐，原则上由省委书记或省长，以及对应秘书长或一名省领导参加。

陪同全国人大常委会副委员长、全国政协副主席、最高人民法院院长、最高人民检察院检察长用工作餐，原则上由省委书记或省长，省人大常委会或省政协领导、对应的秘书长或一名分管省领导，省高级人民法院院长、省人民检察院检察长参加。陪同曾经担任上述职务的老领导用工作餐，原则上由一名对应省领导参加。

陪同党中央部门主要负责同志用工作餐，原则上由省委书记、省委秘书长、一名分管省领导参加。陪同国务院部门主要负责同志及省（自治区、直辖市）党委、政府主要负责同志用工作餐，原则上由省委书记、省长、省委秘书长或一名分管省领导参加。

陪同其他省（部）级领导用工作餐，原则上由一名分管省领导参加。

（2）市级陪同。

①陪同考察调研。

中共中央政治局常委、中央政治局委员到来，市委书记、市长陪同视察。全国人大常委会委员长、全国政协主席到来，市人大常委会主任、市政协主席陪同视察。

中央书记处书记、国务院副总理、国务委员到来，市委书记或市长和一位相关副市级领导陪同视察。全国人大常委会副委员长、全国政协副主席到来，市委书记或市长陪同视察，市人大常委会主任和一位相关的副主任、市政协主席和一位相关的副主席陪同视察。最高人民法院院长、最高人民检察院检察长到来，市委书记或市长和一位相关副市级领导、市中级人民法院院长、市人民检察院检察长陪同视察。

中央国家机关、外省（自治区、直辖市）正部（省）级领导，国家有关部门组成的工作团组到来，市委书记或市长和一位相关副市级领导陪同。

中央国家机关副部级、司（局）级，外省（自治区、直辖市）副省级领导到来，一位相关副市级领导陪同。

省委书记、省人民政府省长到来，市委书记、市长、市委秘书长陪同。省人大常委会主任、省政协主席到来，市委书记或市长和市人大常委会主任、市政协主席陪同。省人大常委会常务副主任到来，市人大常委会主任陪同。

副省级领导、省直有关部门组成的工作组到来，由一位相关副市级领导陪同。

兄弟城市市委书记、市长、市人大常委会主任、市政协主席及其带队的考察团来访，市委书记、市长、市人大常委会主任、市政协主席分别陪同。

兄弟城市副市级领导及其带队的考察团来访，一位相关副市级领导陪同。

②陪同工作用餐。

确定由市级领导陪同用工作餐的，原则上为陪同考察调研的市级领导同志（另有要求的除外）。

随着领导同志工作作风的不断改进，调研形式呈现多元化，不发通知、不打招呼、不听汇报、不用当地领导陪同，直奔基层、直奔现场进行实地考察，越来越多地出现在公务接待工作中，接待部门要适应上级领导工作作风和工作方式转变的新要求。

171. 礼宾接待人员陪同时的主要工作有哪些

陪同问题是接待工作中一个重要问题。陪同工作做得好，就会收到极好的接待效果，否则就会事倍功半，甚至引起来宾的不满意。什么叫陪同？陪同是指由上级领导指定的能代表一定组织和领导机构的同志，负责陪同来宾（客人）外出活动，这个陪同外出的负责同志，就是陪同人员（不少招待活动的范围限定在陪同人员，随行人员则不在其中）。重要客人，除了上级规定的陪同负责同志，通常还要派出其他随行工作人员。随行工作人员不能称为"陪同人员"。随行工作人员的主要任务是协助陪同的负责同志配合当地做好日常生活和活动安排，做好生活服务工作和联络工作。

指派陪同人员，要看主要客人的身份、职务，外出的目的、要求，以及有关规定。

在地方涉外礼宾接待活动中，通常是陪同的规格可按迎送规格来安排，也就是说，出面迎送的主要主人一般也就是陪同来宾参观活动的主人。当然，在实际操作中也会有迎送主人中某位职务稍低的同志出任陪同主人，这要视情况来确定。陪同工作内容丰富，涉及接待任务的诸多安排，这里主要介绍一下接待部门随行工作人员在陪同参观考察时的主要职责和一些有关事项。

（1）掌握客团来宾人员情况（主要领导姓名、职务，以及人数等），了解活动日程安排，熟悉考察点位情况、参观的步骤和线路（参观时，通常是边参观边介绍，当然也可以先听介绍后参观，还可以先参观后听介绍，采取何种步骤应根据事先安排而定）、是否乘坐电瓶车、是否准备情况资料介绍等。

（2）做好负责陪同时的有关联络、协调工作。

（3）发挥现场召集、接引作用，做好陪同时的引见、介绍、衔接工作。当与参观考察点的单位领导见面时，接待人员要主动介绍双方领导的身份，并由接待单位领导陪同参观及介绍情况。离开参观考察单位时，应主动向参观考察单位领导及工作人员表示谢意。陪同过程中，既不可借接待名义盛气凌人，也不可不负责任，随意迎合。

（4）做好接待过程中突发情况的现场处理和报告。陪同期间，陪同者有责任照顾来访者的健康、生活和人身安全，并协助照看好客人的行李物件等。

（5）利用陪同活动的良好时机，适时介绍一些沿途基本情况，或宣传介绍当地经济和社会发展成就及来宾关心的有关情况。介绍情况要恰如其分，数字、材料要真实。既不能一问三不知，又不能信口开河随便说。这就要求陪同人员（包括考察点负责人、情况介绍人、解说人和接待人员）对来宾可能提出的各种问题有所准备。

（陪同服务也是展示自己才华、证明自己能力的绝好机会，通过出色和出彩的服务工作可以让领导和来宾了解自己和发现自己，有不少接待工作人员正是凭借在陪同服务工作中的优异表现而得到赏识，并获得重用和提拔。）

（6）现场讲解时，督促现场讲解员要按规定线路、时间进行讲解。参观考察项目的基本情况如有宣传资料，可供来宾参阅。

（7）负责来宾的招呼引领等有关服务工作。如每场活动前要提前到场检查准备情况；出发时要提前查看电梯、车辆的就位情况；适时提请主要领导或主宾出发参加活动；接待人员引领来宾到位后应及时退出活动场地，在指定地点等候；活动快结束时要通知车辆和工作人员做好准备，实时引领来宾离场等。

（8）及时向领导请示汇报活动进展或变化情况。如发车时间调整或增减考察点，要及时通知相关协作单位和点位迎候领导。

（9）对于重要接待任务的参观考察或新考察点，应安排专人打前站，提前抵达参观考察现场，指导和协助接待单位做好相关礼宾接待工作。

通常，陪同考察的前站（先遣）接待人员要提前1小时（具体情况，灵活掌握）先期到达参观考察点，对迎候领导、迎接地点、停车位置、行走路线、环境卫生等接待准备工作进行进一步落实和检查，确保人员到位，准备就绪。接待对象到达参观考察点，进入参观考察程序并与有关接待人员对接后，前站（先遣）接待人员方可离开，按照规定程序前往下一个考察点。

（10）参观一个考察点的活动完毕后，要清点人数，确认到齐后，再往下一个考察点活动。通常团长（主要领导）一上车，车队就出发，要求团员提前上车。大型代表团在参观活动中，如到出发时间还有个别来宾未到，为避免让主要领导或主宾久等，在征询上级或对方有关负责人意见后（事先商定者除外），车队可按时出发，并安排专人专车做好收尾工作。

（11）随团服务礼宾接待人员应时刻跟团活动，不得擅自脱团离开岗位。客人在听取当地负责同志介绍或汇报情况时，陪同的同志一定要在场，这不仅是工作问题，也是一个礼貌问题。

（12）活动应按既定安排进行，不得随意更改活动项目或拖延时间。陪同人员要掌握好时间，把控好节奏。

（13）长途时，一般情况下每行驶 90 分钟左右安排上一次卫生间。

（14）随行陪同到异地，则应与对方接待部门落实好活动内容、日程安排、行车路线、出面领导、工作陪餐、就餐地点、住房安排等事项。

（15）陪同期间不宜轻易换人，不应不辞而别。

（16）陪同人员不要出风头、抢镜头。不安排或不需要你去的场合就不要凑上去。既不能喧宾夺主抢镜头，又不能"离开左右"，要随叫随到。如活动中有摄像或照相，陪同的接待工作人员应做到主动避让，切勿抢镜头或是挡镜头。（接待人员还经常被戏称为是"走前边、站两边、坐后边"的人。这句话生动形象地说明了在不同的场合接待人员应处的不同位置。也就是说，在宾主行进时，接待人员应走在前边偏侧主人一方，在前引路；在宾主参观时，接待人员应适时地靠旁边站立，为宾主双方让出空间；当双方就座时，接待人员应适时退下以突出宾主双方。）

（17）不要喧宾夺主。例如，到一个地方，介绍主人与客人见面，通常应由当地负责同志介绍。有的同志不懂这个规矩，一到一个地方，他就走出来介绍主人，当地主要负责同志反而靠边站了。

（18）不要乱出点子。在陪同期间要严格执行接待方案，可以协助当地有关接待部门落实安排，陪同人员中间不要乱出点子、乱介绍情况。临时改变考察项目、考察路线，会使接待工作很被动，弄得当地也很难办。

（19）交谈中，要有实事求是精神，不说假话、大话、空话，不能口无遮拦、有啥说啥、和盘托出、内事外扬，把内部情况、内部问题暴露出来。对于不懂的事情、不了解的情况，不要乱回答、乱插话。不顾场合、不顾身份、不顾后果的讲话、插话，不仅没有礼貌，而且会造成很不好的影响。

（20）及时补充车上配备物品和检查车辆卫生状况。

（21）确保安全。对于一些高危险的项目活动，要做好相应的安全防护措施。除非特别必要，一般不要安排此类活动。

（22）效果反馈。所选参观点、考察点位是公务接待活动的重要场所和任务内容，同时也是宣传推介本地的重要平台。参观考察活动结束后，要注意搜集整理来宾对本地有关方面的反映、意见和建议（包括对参观点、考察点的接待水平、接待能力、接待效果、来宾评价、存在问题等情况），并及时反映给有关领导和部门。进一步改进工作，不断提升接待水平。

172. 如何安排考察调研陪同时的站位

陪同考察调研是公务活动中各级领导同志一项经常性的工作。陪同考察调研时的站位（席位）安排既是政治规矩、工作要求，又是礼仪要求。考察调研活动内容丰富、形式多样，不同的活动主题有着不同的站位（席位）要求，而且有些活动往往具有即时性、动态性和群体性，这给参加公务活动考察调研的领导同志，包括陪同领导、考察调研对象的集体站位（席位）安排提出了较高礼仪要求。陪同考察调研时的集体站位（席位）安排要把握好以下几个环节：

（1）主要领导始终居于中心位置（或最佳位置）；其他人员按照职务级别，高者靠前、靠中，低者靠后、靠边。

（2）陪同的 1 号、2 号领导分别位于主要领导同志的左手位和右手位；如是两人并肩同行，则主要领导居右侧，陪同人员居左侧。

（3）突出考察调研对象（突出地陪、突出基层）；如有专业人员介绍情况，则专业人员在前，地陪领导稍后，边走边介绍。

（4）座位安排注意宾主双方位置。（一是主左客右安排；二是主要领导同志居中安排。）

考察调研时的站位（席位）安排要因时、因人、因事、因环境等因素而异。既坚持规则，又相对灵活，有利公务；既注重形式，又注重内容，更重在务实。充分考虑到可能产生的政治影响和社会影响，力戒形式主义。

第八部分
会见、会谈（座谈）服务

173. 内事会见与外事会见有何不同

会见，无论是在国际交往还是国内公务往来活动中，都是一种十分重要、应用又非常广泛的交往方式。一般来说，职务身份高的会见职务身份低的，或是主人会见客人，被称为接见或召见；职务身份低的会见职务身份高的，或是客人会见主人，被称为拜会或拜见。接见和拜会后的回访，被称为回拜。在涉外活动中一般不做上述区分，多数情况下均称会见。但在内事活动中，根据不同的情况，则有明确的区分，如会见、接见、拜会、拜访、回访、看望、探望等。会见安排次序，通常是身份职务对等者先会见，然后是其他人员的会见。

174. 会见厅（室）布置的形式主要有哪些

会见厅可用沙发或扶手椅布置成 U 形、IUI 形、IIUII 形，以及马蹄形、半圆形、长方形等形式，并根据礼宾次序，确定主、客双方坐在上首位（主位）是各一人还是各两人。

会见形式除了以沙发、扶手椅设座，有时由于场地限制或需要，还可安排为站立式和围桌式等形式。

站立式会见（含有接见性质），常用于上级领导同志会见出席有关会议或活动的代表和人员，时间一般较短。在会见前，被会见者先站好位，出席会见的领导同志与被会见者握手后，进行合影，然后讲话。活动要事先排好席位图、贴好席位签、备好两个立式麦克，一个是主要领导同志讲话所用，位于面向前方人员的正中间位置，另一个是主持人所用，位于主要领导同志话筒的稍左后方。站位安排与主席台席位安排基本相同。

围桌式会见，形式及席位安排与会谈基本一致。

175. 会见席位安排规则是什么

会见席位安排规则：主人和主宾座位居中，主左客右。客方人员按礼宾顺序在主宾所在的右侧就座。主方陪见人员，则在主人所在的左侧就座。

在会见时，通常主人与主宾面门并排而坐（有时由于场地限制，宾主座位不是面门摆放，而是背靠背景墙或屏风而摆放），主人坐在主宾的左手位，主宾坐在主人的右手位。（在会见席位安排上，我国传统的做法是"左为上"，如毛泽东会见尼克松、邓小平会见撒切尔夫人等，均是主人居右，主宾居左。现在无论是内事会见还是外事会见，均实行的是"右为上"。另外，内事会见还要遵循"居中为上"的原则。）外事活动时，翻译（一人或两人）安排坐在主人和主宾的后面。如果双方均带有翻译，则分别坐在主人和主宾身后，为本方领导翻译。如果只有一位翻译，则翻译一般位于主人一侧身后，为双方翻译。话筒的配置视情况而定，一般外事活动配四个，即主人、主宾、两个翻译各一个；内事活动一般配置两个，即主人、主宾一人一个。

涉外会见时不摆放中外国旗。

176. 会见时的礼仪程序是什么

国内会见的主要原则：一是统筹安排原则；二是工作对口原则；三是规格基本对等原则。

会见礼仪程序：介绍（入座后，双方互相介绍。主方首先依次介绍主方出席人员，然后客方依次介绍客方出席人员。主方的介绍方法，一是由礼宾接待工作人员介绍，二是由主人亲自介绍。目前也经常采用放置手边名单的方式，不再作介绍。但要事先向领导汇报，并与对方协商一致）、讲话或致辞（主方先讲，客方后讲，主方总结。主人、主宾依次讲话后，其他人员应主人、主宾的要求也可即席讲话）、合影（先合影，后入座，合影站位主人居中或居左而站，主宾站于主人右手位）等。如有互赠事宜，通常安排在会见结束时进行（如果是宴会，则安排在宴会即将结束之时，也就是用完水果或甜品的时候进行）。

177. 会见与会谈的主要区别是什么

会见与会谈的区别在于：会见偏重于礼节性，时间不长，话题广泛，并不要求双方身份完全对等；会谈一般都带有实质性，内容较为正式，专题性较强（双边合作、项目洽谈或业务谈判等），双方身份对等或基本对等。

在场地布置上，会见以沙发椅＋茶几为主，会谈则多为长条桌形式设座。

在地点的选择上，对于礼节性的拜访或拜会，应尽量安排在主方办公地点附近的会客厅内进行，这样安排既符合国际惯例，又体现了拜访的礼节和本意。会谈可安排在政府机关会议室，也可安排在宾馆内进行（有些会谈地点需要双方商定）。

178. 国内会见礼宾服务准备工作主要有哪些

会见活动前，要安排接待人员提前走场，与相关单位对接，确定上下车位置，掌握进入会场线路，要客休息厅、会见厅位置，等候区位置，核对参会人员名单、礼宾次序、席位座次，以及会见流程是否正确，场地安排是否合适，着装是否符合要求等（正式会见应该着正装，穿西装打领带；工作性会见、座谈可穿夹克衫休闲装，穿西装时也可不打领带）。确认迎接人员、引领人员、服务人员。

（1）准确掌握会见的时间、地点和双方参加人员名单，提请或通知有关人员和有关单位做好必要安排。活动前，工作人员应提前向参加活动的领导同志提供对方的相关背景资料（包括个人、企业等），供领导同志参阅。（通常主方领导略微先到迎候，客人稍后到达。让客人等主人不合适，是失礼的做法，但也不能让主人等客人时间太长，一般早于来宾5～10分钟为宜。在这段时间里，主要领导同志还可以听取有关方面的情况汇报。主方参加会见的陪同人员提前15分钟到达会见厅。同时，也要做好来宾提前先到场的准备，预备一间休息室供来宾休息。）

（2）会见台形设计要得体，席位安排要准确。要事先排好席位图，放置席位签（两地进行的工作交流会、座谈会，应由双方工作人员一起摆放席位签）。

讲话的程序：主方主持（开场白，由主人首先对主宾一行到来表示欢迎，并简要介绍主方出席会见活动的主要人员，客方主宾给予回应并介绍客方一行主要成员，然后双方进入正式谈话环节），主方先讲，然后请客方讲话，主方最后再讲话。

（3）合影。会见时通常安排主人与主宾合影（主左客右）。如安排集体合影，事先排好合影站位图，人数众多应事先准备供人员站立的台架。公务活动合影通常有两种情况：一种是上下级或同级之间考察时合影，属于工作性质的合影；一种是领导同志与工作人员的合影，属于留念性质的合影（领导同志集体会见或接见与会人员握手时，通常领导同志处于顺手位行进的方向）。重要宾客来访，如向来宾赠送其在当地活动时的相册。相册照片排列顺序是迎接、会谈、座谈、陪餐、会见、考察。通常在来宾离开话别时赠送给来宾（也可由接待人员负责转交）。

（4）客人到达时，主人可以在大楼正门迎候，也可以在会客厅门口迎候。如果主要领导不到大楼门口迎接，应由接待工作人员在大楼门口迎接，引领进入会见厅。如有合影，通常安排在宾主握手后，先合影再入座（接见时的礼仪次序为握手、合影、讲话、结束）。会见结束时，主人应送客人至车前或门口进行握别，目送客人离去后再离开。

（5）会见开始后，除正式参加的人员，其他工作人员安排就绪后均应退出。如允许记者采访，也只是在正式谈话开始前采访几分钟，然后离开。

（6）饮品。通常会见上茶水。会见厅中的茶，要先泡在茶壶里，然后再注入茶杯中。倒茶水时，不倒满杯，六七分满即可。茶水要在会见前倒好，并多准备10个左右的茶杯以备所需。会见期间，一般不续斟茶水（宴会前的简短礼节性会见，一般不宜安排上茶水，以免服务员来回走动影响宾主双方交谈）；会谈上茶水（杯中茶叶10克左右为宜）和瓶装水（上瓶装水时，应备直筒无把玻璃杯及纸杯盖；如果上咖啡则需要备咖啡杯）。

（7）如果双方有物品交换，应事先了解物品名称及长、宽、高尺寸，并备好摆放双方物品的展示可移动桌台推车。主、客之间，通常客方先赠，主方回赠；上下级互赠，上级先赠，下级再赠。

179. 如何组织餐前会见活动

餐前会见，即先会见后就餐。确定分别参加会见、宴会的人员、时间和地点。小型代表团可集中前往活动现场。大型代表团可先请大部分人员先期到达活动现场集中，主宾和其他要客由礼宾接待人员引领前往会见、宴会现场；如果有些来宾只参加宴会，不参加会见，可安排这部分来宾先进场但不入席，或是在宴会厅门外等候，待会见结束后与其他来宾一起入席。

餐前的会见，时间一般不会太长，会见厅服务所用的毛巾、茶水应提前5分钟上好。

180. 地方党委、政府会见活动如何操作

以省级会见为例。

外宾会见：省委、省政府领导同志出席的礼宾接待会见活动，涉及政务类的外事活动通常由省外事办公室牵头负责安排，涉及经贸类的外事活动一般由省商务厅

牵头负责安排。

省委书记、省长礼宾接待会见的外宾包括重要的国宾、外国国家正部级以上官员和外国地方正省级官员、重要国家驻华大使、友好省（州）长，以及其他重要官方代表、外籍人士担任的省政府顾问、外国前政要和知名人士、世界 500 强跨国公司负责人、与本省有重要经贸往来的外国企业或机构主要负责人、国际组织主要负责人等。

省委副书记、副省长礼宾接待会见的外宾包括受省委书记或省长委托会见的重要外宾、外国国家副部级和外国地方副省级官员、一些国家的驻华使节、友好省（州）副省（州）长以及其他重要官方代表、世界 500 强跨国公司地区总部 CEO 或以上负责人、与本省有重要经贸往来的外国企业或机构负责人、国际组织负责人、外国重要的经贸代表团成员、著名国际经贸界人士等。

其他外宾的礼宾接待会见活动由省外事办公室、省商务厅按照职能分工安排相关部门及有关单位对口负责接待。

内宾会见：省委、省政府领导同志出席的礼宾接待会见活动，涉及国家部委及有关方面，兄弟省级党委、政府，中央企业等相当于副部级以上的来宾，由省委或省政府办公厅牵头负责安排；副部级以下的来宾，由相关部门及有关单位牵头负责安排。

我国港澳地区政要及企业界来宾，由省外事办公室、省商务厅根据职能分工牵头负责安排。我国台湾地区政要及企业界来宾，由省台办牵头负责安排。

内宾会见除了礼节性，往往同时带有工作性质。中央政治局委员、中央书记处书记、国务院副总理、国务委员到地方考察调研时，省委书记、省长一般都要陪同或轮流陪同调研，或专门召开小型会议听取工作汇报，无论在工作关系还是在工作内容上都不存在会见的问题。但是，当全国人大常委会副委员长、全国政协副主席到地方调研视察时，按规定一般是一位省人大常委会副主任、省政协副主席全程陪同，省委、省政府为了有机会向全国人大、全国政协领导汇报本地的工作、听取指导，通常要专门安排一次会见（亦可称为拜会）活动。省委书记会见全国人大常委会副委员长、全国政协副主席，工作汇报在会见中就进行了。这种会见形式既是礼节性会见，又是工作性汇报。这是因为从机构序列来看，相互之间不是一个序列；从工作关系来讲，省委向中央负责。但是，全国人大常委会副委员长、全国政协副主席是国家领导人，必须予以尊重。因此，由省委书记会见全国人大常委会副委员长、全国政协副主席既是礼节性的，又是工作性的。在会见席位的安排上，过去的做法是省委书记居左，全国人大常委会副委员长、全国政协副主席居右。现在主流做法是全国人大常委会副委员长、全国政协副主席居中安排，而省委书记居左而坐，以示对国家领导人的敬重。

181. 地方党委、政府会见活动如何统筹

（1）实行预报制度。除了接待方案既定的会见活动，凡拟请领导同志出席的接待会见活动，有关单位均要报

送会见活动方案，并提前与党委、政府办公厅（室）进行沟通和衔接。党委、政府办公厅（室）负责统筹协调和安排。会见活动方案经领导同志批准同意后，相关办公厅要及时反馈呈报部门实施。

（2）规范报送材料。接待会见活动的报送材料应附来宾简历、背景材料、来访次数、活动方案、日程和领导谈话要点、表态口径等。

（3）控制会见时间和陪同人数。一般性的会见，时间控制在30分钟以内，如需要安排陪餐，则就餐时间一般控制在一小时以内。要严格控制和精简陪同人员，例如省长出席的接待会见活动，除省政府秘书长，原则上最多再安排一位省政府分管领导同志，以及直接相关单位的主要负责同志陪同；副省长出席的接待会见活动，安排一位副秘书长或办公厅领导，以及直接相关单位的分管负责同志陪同。

（4）严格遵循会见方案。接待会见的规格、标准、日程等要按照相关规定拟制，经领导同志批准后，要严格遵循，不能随意更改。

（5）做好督办落实和情况反馈。领导同志在接待会见活动中议定的事项，相关部门及有关单位要抓好落实和督办，并将落实情况及时呈报相关领导同志。

182. 什么是会谈

党政机关的会谈通常分为外事会谈与内事会谈两种。会谈有双边会谈和多边会谈之分。原则上，级别或职务相当的安排为会谈；级别不相当的安排称为会见，而不称会谈。

183. 什么是涉外双边、多边活动

涉外双边活动是指双方的活动，也就是说来宾只有一方。而多边活动是指三方以上的会见、会谈、会议和活动。一般是国际会议或国际活动。就会谈地点而言，会谈又有主场和客场之分。

多边活动概括起来讲有四大类。

第一类是有严格的章程、组织严密、机制性强的政府间组织的会议或活动。如联合国、世界贸易组织、世界卫生组织等相关的会议或活动。

在承办会议或活动方面，东道国（主）按照协议要求，提供必要的硬件和软件服务。会议本身还是由这些组织负责。

第二类是没有严格的组织章程，比较强调非正式性、政治性的政府间的会议或活动。在办会方面，东道国（主）政府有较大自主权。所谓非正式，主要表现在以下几点：要求不着正装，不系领带，可在衬衣外穿毛衣（天冷时）；会见厅甚至不安装麦克，不发文件，发言人不用讲稿，以及在会场布置、服饰穿戴等方面花样更多一些。如亚太经合组织领导人非正式会议、上合组织成员国元首理事会会议、二十国集团（G20）峰会等。

第三类是国际、区域性非政府间的会议或活动。如奥运会、世博会、亚运会、博鳌亚洲论坛等。在办会方面，主要是中国有关机构、城市，如中国奥委会、北京市、上海市、中国贸促会等与这些组织联系、筹备，并

不是中国政府在筹备，中国政府参与涉及各国领导人参会活动的礼宾安排。

第四类是我国举办的地区性、经贸性质的国际会议或博览会等。如中国东盟博览会、中国西部博览会、夏季达沃斯、中国国际投资贸易洽谈会、欧亚博览会等。这类会议或活动一般由我国政府有关部门和地方政府主办和承办，邀请中外国家领导人和经贸界人士参加。

184. 涉外会谈的程序是什么

一般大型的国际会议或多边活动都有其通行做法和相应程序。按惯例参加会谈的主方人员应按照"主人先到原则"，先于其他与会各方人员到达会场，会谈通常实行限时发言。

（1）多边会谈程序。

①东道主主持，并致开场白（先介绍具体议程和主方考虑，接着邀请与会各方代表依次发言，最后由主方总结各方观点，结束讨论）。

②参会各方依次进行发言（按礼宾次序排列）。

③东道主做总结发言。

（2）双边会谈程序。

①东道主致开场白。

②请客方发言。

③主方最后做总结性发言。

（会谈中，主、客双方主谈人主讲，有时个别情节由参加会谈的其他人员做补充或说明。会谈时间的长短，要根据会谈或会见的性质和内容确定，礼宾接待人员应视现场氛围实时掌控延长或提前结束活动。)

会谈如有合影，应先合影后会谈。其程序如下：

东道主（主办方）与参会各方领导人前往预先设置的合影台背景板前合影（站位图事先排定，贴好标签，标签可以是地签序号、旗帜等符号）。

集体合影结束，东道主（主办方）与其他与会各方领导人共同步入会谈厅。

在一般情况下，重要或重大会谈在双方进入正式会谈前5～10分钟，允许记者在隔离线之外的指定区域内对会谈现场进行拍照，双方面对记者时只进行礼节性寒暄，清场后便进入正式会谈。会谈时间长短、轮次、地点，一般均由双方约定。在外事活动中，如果主宾带有夫人或家属，通常夫人和家属不参加正式工作会谈，但可以参加礼节性的会见、宴会等活动。

185. 重要涉外会谈会场布置和物品配备有哪些要求

一般来说，内事会谈（包括座谈）对会场布置的要求相对简单，外事会谈则要求较为严格。但作为会谈，二者在许多方面又都是相通的，都需要设计好每场活动的接待细节和运用礼宾艺术来营造所需的会谈（座谈）氛围。根据任务内容的不同，会谈现场厅（室）布置的要求和需要考虑的要素也各有不同。这里主要介绍一下公务接待活动中重要涉外会谈现场布置及物品配备的有关情况。主要包括以下内容：

（1）背景板。主方文字在上，客方文字在下。

（2）国名卡。多边的国际会议一般只写国名，可以是单一语言，也可以是双语，在我国办会一般使用双语。

（3）旗帜。为体现多边会议形式，一般都要在会场摆放与会国国旗。可以摆放在主席台上的背景板前，也可以摆放在主席台两侧，按照事先商量确定的排序原则和国际惯例，从右至左或从中间向两边进行摆放。如果是多场次双边会谈，则应安排专人服务，更换旗帜、旗杆、旗撑、旗架、旗座、桌旗。根据情况需要，有时会谈亦可只在会谈桌上摆放中外国旗（桌旗）。

（4）会谈桌的大小应根据会谈人数的多少而定。座位之间的距离以参加会谈人员出入座位方便为标准，一般来说，座位与座位之间空一个椅子的距离即可。

（5）为了掌握时间，会谈桌两侧双方主位各摆放小座钟一个（非机械表）。

（6）会谈桌中间摆放绿植和花卉。（高度适中，不要太密，不要遮挡双方领导人，花卉要除蕊，以免双方领导人花粉过敏。）

（7）正式会谈，后排一般设有记录席，记录席的条桌通常为两张独立长条案，并在主、客双方主位身后断开。记录席上放置矿泉水和直筒无把玻璃杯及纸杯盖，会谈上茶水时，杯中茶叶以 10 克左右为宜；如果上咖啡则需要备咖啡杯。视情况铺墨绿色台呢（桌布）。

（8）移动麦克风若干支。

（9）会谈用桌，材质一般为实木非板材（天然环保）。会谈桌形根据参会方的多少而定，通常双边会谈桌为长条台形，多边会谈桌为三角形、四边形、五边形、六边形和圆形等。会谈有小范围会谈与大范围会谈之分，会谈桌的大小应根据参会方人员的多少而定。如 8 人位的大圆桌外直径 4～5 米为宜，20 人位的大圆桌外直径 11～12 米为宜。如桌面质地较好，可不铺台呢。

（10）会谈用椅，材质一般为实木非板材。通常会谈各方的主要领导人备扶手椅，其他人员备不带扶手的椅子。

（11）双边或多边会谈，各方主要领导人面前设鹅颈麦克风一支（多频道），单耳同传耳机一副。

（12）会谈桌主、客双方每位面前摆放席位签（靠近台面外侧边缘，居座位中心）、矿泉水、直筒玻璃杯（视情况摆放茶杯，上茶）、削好的铅笔（红蓝铅笔 1 支、黑铅笔 3 支，铅笔商标朝上，笔尖朝前）、夹有记录白纸的写字板。

（13）多边的大小范围会谈，每位主宾身后均设座席若干个，设扶手椅，均摆放同传耳机、纸笔及矿泉水。

（14）设同传间若干间（根据语种数量而定）。

（15）会议组织标志置于桌子中间，材质为亚克力（俗称塑料水晶），并放置 LED 屏。国际大型双边或多边会谈，还须设置相当数量的工作间、休息室、听会室和休息区。

（16）工作间设置长条台形桌和扶手椅及无扶手靠背椅。工作间布置要求可参考会谈厅（室）布置要求。

（17）休息室分为中方休息室和外方休息室。中方休息室常见的为 U 形会见式沙发布置，根据情况设置若干个主位。备茶、矿泉水、小毛巾（冬天为热毛巾，夏天为凉毛巾）、纸巾。也可备一些个性化物品，包括靠垫、眼镜纸、眼镜布、口香糖、一次性手套、衣帽签等。室内温度控制在 23℃左右，而夏季不应低于 26℃。配服务员若干名。外方休息室常见的形式除 U 形会见式沙发布置，还有酒会式，即休息室中间放置高脚台若干个，四围放置一定数量的沙发。备精美小点心、干果、现磨咖啡（配方糖、袋糖、牛奶等）、矿泉水、各色软饮料、茶、小毛巾、纸巾等。室内温度控制在 23℃左右，而夏季不应低于 26℃。配能够用英语流利会话的服务员若干名，进行现场持托盘服务。

（18）听会室。领导人开会，常常是领导人在会议室，只带少数助手和翻译，其他专业人员和官员则在附近的房间"听会"。会议现场实行即时转播，有声音，有图像。听会室的布置及物品配备如下：

①课桌式或回字形桌（根据人员多少设置座位）；

②大屏幕或大尺寸电视（直播会议现场）；

③同传耳机若干（与座位数量匹配）；

④茶歇区：视情况备点心、各色软饮料、现磨咖啡、矿泉水、茶、纸巾、果盘等。

（19）休息区（中外随行人员休息区）。

①条形桌及座椅若干，排成回字形沙发若干组；

②大屏幕或大尺寸电视（直播会议现场）；

③同传耳机若干（与座位数量匹配）；

④茶歇区：配点心、软饮料、现磨咖啡、矿泉水、茶、纸巾等。

（20）洗手间：做到干净、整洁、无异味，备有漱口水、纸巾、毛巾、镜子、梳子等。

（21）设立的媒体工作区，每个座位前安装电源插口、网络插口和中英双语音频接口，提供足够数量的笔记本电脑和无线网络覆盖使用服务。

（22）必要时，还应设立祈祷室、医务室等功能区。

186. 涉外会谈席位安排如何操作

国内涉外双边会谈席位安排规则：以正门为准，主方坐背门一侧，客方坐面门一侧（有资料显示，西方国家正好与我国相反，背门一侧的为客人，面门一侧为主人。遵循的是"就近为上"原则：进门后，客人就近入座，出入方便；而主人一方，进门后则要多走几步，绕到客方对面，面门而坐），双方主谈人居中。会谈桌在室内竖放，若无背景或背景板设置，则应以进门时的方向为准，右侧请客方人员就座，左方由主方人员就座；若设有背景或背景板，则应以背景或背景板的朝向为准，按"主左客右"安排。有时则以媒体镜头为准，也是"主左客右"。

根据国际惯例，双方的翻译均坐在主宾、主人的左手一侧。但在我国，为便于交谈，习惯把我方翻译安排在主人右手位（我方翻译座位不计算礼宾位次，应跳过。即我方二号人物在一号主人的左侧，三号人物在翻译的右侧），客方如有翻译则安排在主宾左侧，使翻译面对面而坐。记录通常安排在后排就座，如无特殊情况，一般按我国习惯做法安排。另外，如果会谈使用同声传译（翻译不上会谈桌），席位应按国际惯例"右为上""中为上"安排，即1号居中，2号（第一陪同）居1号右手位，3号居1号左手位，一右一左，以此类推。

多边会谈的会谈桌可根据情况摆成圆形、等边多边形（如三方、四方、五方、六方会谈）等形状。三方以上会谈席位安排，按礼宾排名顺序排列。

地方一般性外事会谈桌上通常不摆放国旗。

187. 涉外会谈如何摆放席位签

会谈桌上通常都要摆上席位签（亦称座位签、桌签、名签）。在涉外活动中，席位卡（通常采用席位卡底座）一般是双面单语，即卡的两面分别用中文和外文书写其姓名和职务。中文在上，外文在下。摆放时，对着对方的一面上是对方的文字，对着自己的一面是本国文字。席位签在会谈中有着重要作用，是会谈具有仪式感和席位安排的重要组成部分。其作用在于：

（1）让自己知道坐在什么位置。

（2）让对方知道你是何人。

（3）让双方知道彼此的重要程度，以及其他信息。

除此之外，必要时每人面前还可摆放双方出席会谈的人员名单。

188. 如何理解涉外双边会谈桌横对门时席位安排出现的"人旗不一"的情形

涉外双边会谈桌的摆放通常有两种模式，即竖式摆放模式和横式摆放模式。

会谈桌采用竖式摆放模式时，如正对门无背景板，应以进门的方向为准，右侧为上，属于客方，左侧为下，属于主方；正对门设有背景板时，则应以背景板的朝向为准，主方在左，客方在右。

当会谈桌采用横式摆放模式时，双方人员以进正门方向为准，即主人背门而坐，客人面门而坐；双方国旗以会谈桌两端为准（参照系），双方国旗位于会谈桌的一端顶头，即主左客右。如果双方国旗设在会谈桌的左侧端头（进门后的左手一侧），两国国旗会出现"人旗不一"的情况；如果双方国旗设在会谈桌的右侧端头，两国国旗和双方就座人员则"人旗一致"。如图 8-1、图 8-2 所示。

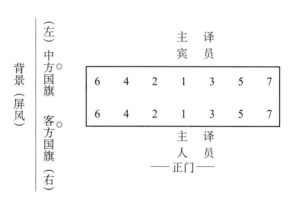

图 8-1

注：此图为"人旗不一"。

按照国际惯例"右为上"的原则。以背景板的朝向为准，背景板右侧为客方国旗，背景板左侧为主方国旗。国旗的位置是相对固定的，即主左客右。但由于我国的桌子摆放有横放与竖放之分，且主、客席朝向与国际惯

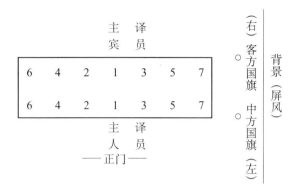

图 8 - 2

注：此图为"人旗一致"。

例又有不一致的情况，在双边实际会谈中就会出现主、客国旗的方位与主、客双方人员所就座的方位不一致的情况。这是因为，在会议型活动主、客双方人员的席位安排上，我国讲究的是"面门为尊"，而在会议型（包括会谈、会见、会议）活动中使用双方国旗时，则是按"以右为尊"，由于"人"和"旗"参照物不一致，有时就会出现双方"人"和"旗"不在各自一边，而在对方一边的情形。为了解决这一问题，在双方国旗绝对位置不变的情况下，有时就会增加双方国旗面数进行交叉摆放，以掩饰"人旗不一"的情况。同时，增加了多面（由一对增加至两对、三对……）旗子，就进一步烘托了现场的氛围。

需要说明的是，地方性会谈一般不挂放中外方国旗。如若挂放，事先须征得地方政府外事主管部门批准。

189. 国内两地交流工作座谈会的程序如何进行

座谈会程序：

（1）东道主致开场白（先讲）。

（2）客方再讲。

（3）东道主做总结发言。

座谈如有合影，应预先设置合影台背景板，排定站位图、贴好标签，标签可以是人名椅签或地签序号。

座谈会通常由主方主持，先介绍主方出席人员，再介绍客方出席人员。如果是上级机关主持召开的座谈会，则根据职务排序先介绍上级机关出席领导，再介绍下级机关参会人员。

190. 如何做好国内座谈会的服务保障工作

（1）会谈地点。会谈地点最好选择在出面主人办公地点附近。会谈后接着会见、宴请时最好能把会谈、会见和宴请活动安排在同一场所的相近位置。根据出席会谈的人数，主、客双方的身份，选择大小相宜的会谈厅。

（2）准确掌握座谈的时间、地点和双方参加人员名单（包括着装情况），通知有关人员和有关单位做好必要安排。活动前，工作人员应提前向参加活动的领导同志提供对方的相关背景资料，供领导同志参阅（包括接待方案、双方出席人员名单、主宾简历、代表团简介、会谈内容及参考要点、活动程序、主持词等）。

（3）迎接。根据任务需要，客人到达时，主人可以在大楼正门迎候，也可以在座谈会议厅门口迎候。如果主要领导不到大楼门口迎接，应由接待工作人员在大楼门口迎接，引领进入座谈会议厅。

（4）席位图。要事先排好席位图，放置席位签（两地进行的工作交流会、座谈会，可由双方工作人员一起摆放席位签）。席位签靠近台面外侧边缘，居座位中心放置。座位之间的距离以参加座谈人员出入座位方便为标准。如有合影，事先排好合影站位图。国内座谈会的合影，通常安排在会后进行。

（5）会场布置和物品配备摆放。通常采用"拉线法"，从桌、椅到桌面的茶具、文件和文具，纵看成列，横看成行，斜看成线，整齐划一。其他要素主要包括手边名单卡、背景板、音响、音乐、话筒、时钟（非机械表）、茶杯、瓶装矿泉水（配直筒玻璃杯及纸杯盖）、削好的铅笔或签字笔、夹有记录白纸写字板、桌垫、衣帽架、室内温度（冬季控制在 23℃ 左右，夏季不低于 26℃）、小毛巾（冬天为热毛巾，夏天为凉毛巾）、纸巾等。

（6）音响。事先调试音响，避免共振、爆音。重要活动需要安排音响师在现场保障，及时排除故障。

（7）会场供电，要有备份供电线路。

（8）如果座谈会结束后，现场安排有签约活动、合影活动，在活动场次衔接时要配备足够数量的工作人员和服务员在现场服务。

191. 国内座谈会议席位如何安排

一是"主左客右"。以所设背景为参照物，如背景板、座椅、屏风等物体。以背景所朝的方向为准，其左侧为主人之位，其右侧为主宾之位。

二是如果没有参照物，则以进门方向右侧为上。

三是"面门为上"。即正对门为上首位，背对门为下首位。

在席位安排上，按国内会议安排：

单数，以中心为上，然后按一左一右的顺序排列。

双数，以右为上，以左为次，然后按一右一左的顺序排列。

（1）座谈桌横对门。

①单数席位安排。如图8-3所示。

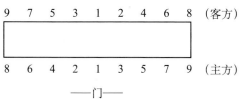

图8-3

②双数席位安排。如图8-4、图8-5所示。

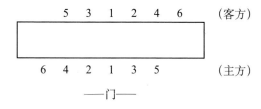

图8-4

注：座谈会议的人数为双数，双方主谈人居中，然后按一左一右排列，这种安排会出现两边不对称的情况。

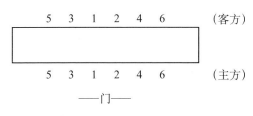

図 8 - 5

注：此种摆法采取了"主方调整，客方不变"的原则，即尊重客人，客人位置不变，而对主人位置进行调整。调整后，形成了相互对应的局面，便于交流。

（2）会谈桌竖对门。

①单数席位安排。如图 8 - 6 所示。

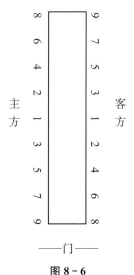

图 8 - 6

注：以进门方向为准，右手一侧为客方，左手一侧为主方。

②双数席位安排。如图 8-7 所示。

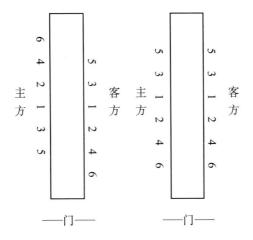

图 8-7

第九部分
签字仪式服务

192. 什么是签字仪式

签字仪式，亦称签约仪式，是党政机关、企事业单位公务活动中常见的一种形式，经常在会谈（座谈）、会见后举行，也有在会议中举行的。国家之间、地区之间、部门之间、单位之间通过协商或谈判，就经贸洽谈、文化交流、战略发展、友好往来等方面达成协议或订立合约后，一般都要举行签字仪式予以确定。

签字仪式程序严格，礼节规范，正式庄严，隆重热烈。在席位安排上，无论是国内签约，还是涉外签约，均按照国际惯例"主左客右"安排，即东道主位于签字桌的左侧，客方位于签字桌的右侧。三方或三方以上签约，其签字仪式与双方签字仪式相同，只是相应地增加签约人员的座位、签约用具。有时签约方较多，为了提高效率、节省时间，也可几方同时进行签约。

193. 签字仪式席位安排常见形式有哪些

签字仪式席位安排常见形式主要有以下几种。如图 9-1 至图 9-4 所示。

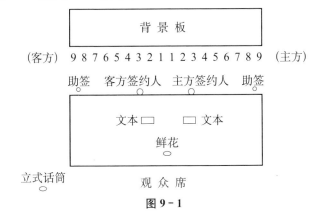

图 9-1

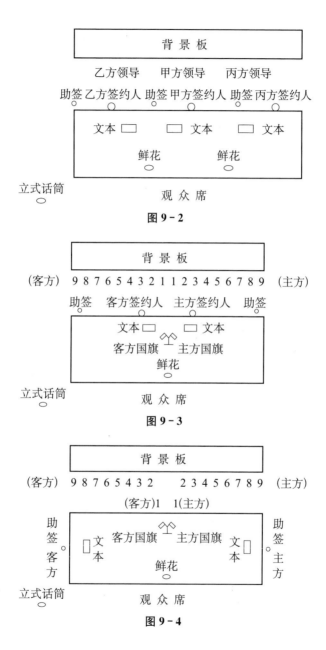

图 9 - 2

图 9 - 3

图 9 - 4

— 206 —

194. 签字仪式的准备工作主要有哪些

（1）提前做好文本的协商、定稿、翻译、校对、印刷、装订。

（2）提前协商签字地点、程序、着装、签字人和鉴签人（见证人），双方签字人及鉴签人（见证人）的身份应大致对等，见证人员的数量基本一致。

（3）备好签字用品，如文本夹、签字笔（有时需要备毛笔、砚台和墨汁）、吸墨器、背景板、签字桌（签字桌通常为条形长方桌横向摆放）、座椅（通常为两把，椅子之间相距约 1.5 米）、台布（桌面一般为铺墨绿色的台呢。台呢的下垂部分，两端均等。外侧长，距地面约 10厘米；里侧短，距地面约 40 厘米。台裙无褶皱，台布无折痕）、趴花、合影台阶、麦克风、香槟酒（或红酒，或不含酒精的饮料）以及托盘、红口布、酒杯、酒启等。涉外签约还应备好旗架和签约国国旗。

（4）拟好签约现场站位图。包括鉴签人、签约人、助签人、双方其他人员和现场有关礼宾人员的站位安排。摆好桌签、地签、椅签，并设专人负责引导与会领导和嘉宾就座就位。

（5）确定签约顺序。

（6）确定演讲台或立式话筒的设置。

（7）确定签约音乐。

（8）重要签约要进行演练（包括服务站位、开合翻页签约文本、吸墨器用法、递换签约文本、托盘上酒、挪椅离场等环节）。

签字服务标准要求

两名服务人员（助签）站于椅子斜后方 45°。右手在上，左手在下，虎口相对，大拇指藏起，四指并拢，指尖与手臂成直线。目视前方，面带微笑，内侧手示意，双手扶椅、拉椅让座；待客人落座后，走到客人身边，顺势打开签约本，示意客人签字；这时服务人员退回起点位；待客人签字完毕，服务人员从两侧向前，双手拿本移至椅后，平行对换；交换后，放于客人正前方，示意贵宾签字，服务人员回到起点位；待签字完毕后，使用吸墨器，合上签约本离开，双手拿椅至舞台外侧。

195. 签字仪式的基本程序是什么

签字仪式基本程序如下：

第一项，主持人宣布签字仪式开始。（主持人，即司仪，常由主方有关人员担任；助签人由双方负责文本的一名工作人员担任。）

第二项，请双方主要负责人和签约人上台就位。（主左客右，由中间向两边按职务高低站位或设座。当一排站不完时，可以分成两排或三排，但双方人数应大体相等。）

第三项，合影留念（亦可放在签约后进行）。

第四项，介绍双方领导及主要嘉宾（先介绍主方，后介绍客方；或按职务级别，由高到低介绍）。

第五项，请主方代表致辞并简要介绍签约背景。

第六项，请客方代表致辞。

第七项，宣布签署何种文件，由谁签署（协议书的内容一般不对外宣读，此项可视情况而定）。

第八项，请双方签字人到签字桌前就座，并在协议上签字。[双方助签人提前将各自要保存的签约文本摆到签字桌上，然后站到签字椅外侧，等待签字人入座。签字人从各自站位中走出并入座后，助签人来到签字人外侧翻揭文本，指明应签字的位置并负责礼宾次序"倒本"。多方签约时，常规的做法是助签人在签字人的右手位服务（双方签约时，从右手服务，改为外侧服务。参见本书序号193"签字仪式席位安排常见形式有哪些"）。文本签署按照惯例实行"轮换制"，一般先签署本方称谓在前由己方保存的文本，签字的位置在上首位；由助签人交换文本后，再在对方的文本下首位置进行签署。]

第九项，请双方交换文本。（此次交换后拿到的文本系各自保留的文本。交换文本时，要使用右手。交换文本后，签字人将文本交给己方助签人，并与对方握手或者互换签字笔，以作纪念。双方出席人员热烈鼓掌。）

第十项，请服务员上香槟酒。（香槟酒应及时开启，倒入酒杯六七分满，以防等酒碰杯的冷场局面。如有忌酒的，可以以水代酒或用不含酒精的饮品替代。让酒时，客方先端，主方稍后，继而主、客双方共同举杯，碰杯庆贺。需要说明的是，政务签约活动通常没有上香槟酒的环节。）

服务人员要及时递送与接收话筒，及时递送酒水与接回空杯。

第十一项，主持人宣布签字仪式结束。

196. 签约后共同会见记者的场地通常如何布置

重要或大型签约仪式结束后，出席签约仪式的领导人通常会共同会见记者，并答记者问。这就要求礼宾接待人员按照程序，提前做好活动转场的场地布置和有关准备工作。常见的共见记者厅（室）布置主要包括以下内容：

（1）放置背景板。（如有中外文字，通常中文在上、外文在下。）

（2）背景板前搭地台（地台的高度约 15～20 厘米）。地台上摆放条形桌，桌上摆放花卉、单位名牌或国名牌、小桌旗（或用地插旗杆式国旗）。

（3）条形桌右侧设讲台，配鹅颈麦克风一支（供中外方领导人致辞时用），或者地台分别设置主、客双方领导人讲台（按主左客右安排），并各配鹅颈麦克风一支。

（4）地台下方备立式麦克风若干支，供主持人和翻译时使用。

（5）备媒体隔离绳一根，并安排两名服务员拉绳。

（6）根据领导人出席情况，设若干同传间（如中、英、俄等）及移动麦克风若干支。

（7）台下记者席位摆放普通无扶手座椅若干。（具体视出席的中外随行人员、记者数量而定。）

（8）现场备国产矿泉水、签字笔若干。

第十部分
新闻发布会服务

197. 什么是新闻发布会（记者会）

新闻发布会也称记者会、记者招待会、吹风会、通气会。它是近年来党政机关和企事业单位常用的一种重要公务活动会议形式，是党政机关表达立场观点、回应社会关切问题、处置突发事件、服务人民群众、进行信息发布和情况通报的重要载体和平台。同时，它也是党务政务公开、密切党政机关与普通老百姓联系的重要手段。因而，它具有极强的政治性、政策性和专业性。

与西方国家相比，我国的新闻发布工作虽然起步较晚，但发展较快。自 2003 年开始推动新闻发布制度发展以来，国务院新闻办、中央各部门、各省（自治区、直辖市）人民政府三个层次的政府新闻发布制度在全国范围建立起来，并已扩展至市、县级党委、政府以及相关企事业单位。新闻发布制度已经成为党委、政府中心工作的重要组成部分，是党代会、人代会、政协会等重要会议、重大活动和事件的惯例形式，是国内外新闻媒体所关注的热点。

席位安排作为新闻发布活动的一项重要工作，经过多年的实践，已经形成了一套具有中国传统主流文化特点、形式多元、内涵丰富、符合礼仪、内外有别的席位安排体系。

新闻发布会分为不设翻译席位和设翻译席位两种情形。

新闻发布会层次可分为国家级、国家部委级、地方级。国家级，如国务院新闻发布会；国家部委级，如外交部、国台办、教育部、商务部等新闻发布会；地方级，如各省、自治区、直辖市及省辖市新闻发布会。新闻发布会通常由专职新闻发言人主持和作新闻发布，如国务院新闻发言人、外交部新闻发言人。除了专职新闻发言人，现在还经常由主管部门牵头主持，邀请有关部门和单位领导、专家或权威人士进行新闻发布，介绍情况。

198. 新闻发布会（记者会）主席台人员如何配置

新闻发布会根据不同的会议主题、性质内容、重要程度、规格高低、影响范围和要达到的效果和目的，以及媒体单位、新闻记者参加情况等，分别设有主持人席、发言人席、翻译席和记者席。席位安排要服务主题，突出重点，兼顾其他。根据需要，台上人员配备（不含嘉宾）主要有下列几种形式：（1）主持人1人；（2）主持人、翻译各1人；（3）主持人、翻译、点名官各1人；（4）主持人、翻译各1人，点名官2人。一般新闻发布会点名官由主持人兼任。重要的新闻发布会则需要配备专门的点名官。点名官是记者提问的点名人，负责提问阶段的点名事宜，对于新闻发布会（记者会）所要达到的效果和目的起着至关重要的作用，同时还负有保证会场秩序之责。会场布置有主席台式、口字形、回字形等摆法。

地方党委、政府召开的新闻发布会应酌情进行现场人员配置。

199. 党委、政府机构新闻发布会（记者会）主席台席位安排的基本规则是什么

党委、政府机构新闻发布会（记者会）主席台席位安排的基本规则包括以下几点：

（1）主持人一般情况下均居于主席台（发布席）正面朝前右侧边位（虚左以待），发言人或嘉宾居主持人左手位一侧。

（2）单数排列：居中为上，居左为次，居右再次之。

（3）双数排列：两人时，发言人（嘉宾）居左；四人、六人时1号发言人（嘉宾）居中心右位，2号发言人（嘉宾）居中心左位。当然，重要新闻发布会，无论主席台人数是单数还是双数，新闻发言人一般均居中心而坐，如中国共产党第十九次全国代表大会新闻发布会主席台席位安排。

（4）不便排序时，可采用从主持人左手位起顺排的方法，即1，2，3，4，5⋯⋯

（5）总体上体现"左为上"的中国传统习惯做法，局部综合运用排序方法，多种因素统筹考虑，特殊情况灵活掌握。

200. 国内重大新闻发布会席位如何安排

国内新闻发布会（记者会），尤其是重要重大的新闻发布会（记者会），为了对外宣传的需要，同时也为了使国际社会更准确地了解新闻发布会（记者会）主席台在座人员的位次情况，在席位安排时通常遵循国际惯例。如图 10-1、图 10-2 所示。

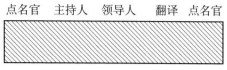

点名官　主持人　领导人　翻译　点名官

记 者 席

图 10－1

注：参见国务院总理记者会席位安排。

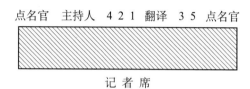

点名官　主持人　４２１　翻译　３５　点名官

记 者 席

图 10－2

注：参见国务院总理记者会席位安排。

201. 党政机关外事部门新闻发布会（记者会）席位如何安排

外事部门新闻发布会席位安排规则：

（1）单数时：居中为上，居右为次，居左再次之。

（2）双数时：居右为上，居左为次。

（3）主持人一般居主席台（发布席）正面朝前左侧边位，发言人或嘉宾居主持人右手位一侧。总体上体现国际惯例"居右为上"。

（4）设有翻译时，翻译位于主席台左侧边位。

第十一部分
公务活动席位安排

202. 如何认识公务活动中的席位安排

公务活动中的席位安排是一门学问，也是一门艺术。不但是一个理论问题，也是一个实践问题。

席位安排作为公务活动中的一项重要工作内容，涉及面广、操作性强、礼仪严格、要求规范、仪式感强，看似简单，实则大有学问（既是规矩，又是礼遇）。席位安排的象征意义远大于席位本身，就像国旗象征着国家一样，席位象征着组织的权威与个人身份、地位、权力和资历，反映着政治层级，维持着公务秩序，没有席位座次安排的正式的公务活动是不可想象的。席位安排作为政治仪式的重要组成部分，一项重要功能就是令人产生敬畏感。因此，作为礼宾接待工作者，在席位安排上必须怀有敬畏之心，把握规则、准确定位，确保万无一失。

203. 我国公务活动席位安排蕴含哪些哲学理念

我国公务活动的席位安排是在继承传统中不断发展，在改革开放中不断成形的。席位安排中蕴藏着深厚的文化积淀，充满了富有智慧的表达方式，必须运用历史唯物主义和辩证唯物主义的方法论来筹划。我国席位安排所秉持的主要思想包括"实事求是""一切从实际出发""一分为二""一事一议""内外有别""礼尚往来""海纳百川""有容乃大""和而不同""求同存异""兼容并包""主随客便""客随主便""一式两解""敬老尊贤""资历辈分""先入为主""移步换景，以景设位"等先进文化和传统文化相结合的哲学思维。

204. 席位安排遵循的基本原则是什么

席位安排遵循的基本原则：坚持民族传统，尊重国际惯例；坚持有利公务，遵循制度规定；坚持创新发展，符合礼仪要求。

席位安排实行内外有别的“双轨制”，即国内事务以传统习惯和现代做法相结合，涉外事务以国际惯例与中国国情相结合。

205. 什么是公务活动席位安排横向排列规则

（1）国际惯例。

①单数。1 号居中，2 号居 1 号右手位，3 号居 1 号左手位。如图 11－1 所示。

2　　1　　3

右 ———————— 左

(中)

图 11－1

②双数。有两种情形：其一，1 号居中，2 号居右。如图 11－2 所示。

2　　1

右 ———————— 左

(中)

图 11－2

其二，1 号居右，2 号居左。如图 11－3 所示。

1　　2

右 ———————— 左

(中)

图 11－3

（2）中国传统。

①单数。1 号居中，2 号居 1 号左手位，3 号居 1 号右手位。如图 11－4 所示。

3　　　1　　　2

右 ———————— 左

(中)

图 11－4

②双数。有两种情形：其一，1 号居中，2 号居左。如图 11－5 所示。

1　　　2

右 ———————— 左

(中)

图 11－5

其二，1 号居左，2 号居右。如图 11－6 所示。

2　　　　　1

右 ———————— 左

(中)

图 11－6

（3）现在的做法。

①单数。与中国传统做法一致。

②双数。有两种情形：一种是与中国传统习惯做法一致，即 1 号居中，2 号居左。如图 11－7 所示。

1　　　2

右 ———————— 左

(中)

图 11－7

另一种是与中国传统习惯不一致（与国际惯例一致），即 1 号居右，2 号居左。如图 11 - 8 所示。

图 11 - 8

通过以上介绍，可以看出，国际惯例实行"居右为上"，中国传统实行"居左为上"，我国现在的做法是"居左为上"与"居右为上"相结合。这一做法既传承了中华民族的传统，同时又有所突破创新。这种突破创新符合"1 号始终位于 2 号右手位，2 号始终位于 1 号左手位"的理念和规律，并与国际惯例相结合。

206. 什么是公务活动席位安排纵向排列规则

以双边活动为例：

（1）国际惯例。

①居中为上。

②背门为尊。

③主左客右。

（2）国内做法。

①居中为上。

②面门为尊。

③上下关系：右上左下。主、客关系：主左客右。

④以远为上（特殊安排例外）。

通过以上横向、纵向排列对比，可以看出二者的相同点：一是居中为上；二是双数右为上，1 号人物始终位居 2 号人物的右手位。

二者不同点：国际惯例背门就近就座为上，单数时 2 号人物居于 1 号人物的右手位，3 号人物居于 1 号人物的左手位，而我国现行做法则正好相反。

207. 国内会议席次安排遵循的一般原则是什么

（1）前排高于后排。

（2）中间高于两侧。

（3）内圈高于外圈。

（4）单数左侧高于右侧。

（5）双数右侧高于左侧。

（6）面门高于背门。

（7）面景高于背景。

208. 公务活动席位安排如何体现"内外有别"

公务活动席位安排实行内外有别的"双轨制"，即国内事务以传统习惯和现代做法相结合，涉外事务以国际惯例与中国国情相结合。

（1）内事活动。

①无论单数还是双数，均是居中为上。

②单数，左为上。

③双数，右为上。

规律：1 号人物始终位于 2 号人物的右手位，2 号人物始终位于 1 号人物的左手位。

用于国内党政机关各类工作会议，以及公务活动中的联欢晚会、团拜会、茶话会、合影、揭牌、观看演出等。

上下级关系为上右下左，主、客关系为主左客右（席位安排有时还要遵循"靠里为上"原则）。

无论是外宾还是内宾，属于礼节性的宾主关系，席位安排均为主左客右。无论主人居中而坐，还是居左而坐，主宾始终居主人右侧而坐。

需要注意的是，在党旗与国旗（党旗在左，国旗在右）并列、机构匾牌（党委居左，行政居右）并列时，仍实行传统双数左为上原则。

（2）外事（涉外）活动。

①无论单数还是双数，均是"居中为上"。

②单数，右为上。

③双数，右为上。

规律：1号人物居中时，2号人物位居1号人物的右手位；1号人物与2号人物并列时，1号人物居右，2号人物居左。用于外事活动以及内事活动中的迎送、陪同、宴会、会见、会谈、签字仪式、乘车、商务、体育等活动。

国内公务活动要根据活动的性质和参加活动的人员情况来安排席位。是左为上还是右为上，是以国际惯例为主还是以国内惯例为主，抑或是国内惯例与国际惯例相结合，要视活动的形式、性质、主题、对象而定。

209. "居左为上"与"居右为上"在公务活动中所表达的几种特定关系含义是什么

"居左"与"居右"在国内公务接待席位安排中，不同的场合、不同的对象、不同的角色（有时为双重角色，席位安排必须有角色意识，角色的定位对于席位安排至关重要）、不同的主题，可以分别表达不同的含义。

（1）主从关系。

2014 年 12 月 19 日国家主席习近平在澳门会见澳门特别行政区行政长官崔世安时的席位安排如图 11 - 9 所示。

崔世安   习近平
————————   ————————
（右）   （左）

图 11 - 9

这一席位安排，是按照中国传统"左为上"进行的。即左边为上级位置（又是主人之位），右边为下级位置。

（2）主、客关系（宾主关系）。

2014 年 11 月 12 日，中国国家主席习近平与来访的美国总统奥巴马在北京人民大会堂共同会见记者时的站位安排如图 11 - 10 所示。

奥巴马   习近平
————————   ————————
（右）   （左）
记者

图 11 - 10

这一席位安排，是按照国际惯例"右为上"进行的。主人居左，客人居右，即主左客右。

（3）上首位（尊敬、荣誉之位）与下首位。

中华人民共和国国旗与香港、澳门特别行政区区旗并挂时（以旗面面向观众与准，右为上首），国旗居右，区旗居左（而且区旗小于国旗）。如图 11 - 11 所示。

图 11 - 11

这一挂法是国际惯例与中国现在通行做法相结合。国旗居于右边上首位（尊敬、荣誉之位），区旗居于左边下首位。

（联合国旗帜有一条特别规定：不论联合国的旗帜摆在另一面旗帜的右边还是左边，都不代表联合国旗帜的优先级低于后者。）

210. 如何认识席位安排中的"居左为上"与"居右为上"

我国的席位安排是建立在坚持传统、有所借鉴、内外有别、综合运用基础上的。公务活动中是"居右为上"还是"居左为上"，主要根据活动的主题、性质、场合、对象、人员等情况来确定。不同的场合有不同的要求，不同的内容需要不同的形式。"居左为上"与"居右为上"是中外席位安排文化上的差异，没有好坏、正统不正统之分，只有文化传统习惯之别。"居右为上"越来越多地被人们接受，从一个侧面反映了我国国际化程度越来越高，涉外的公务活动越来越多，是社会进步的一种表现。同时，"和而不同"的多元文化也显示了中国强大的文化包容性。在席位安排上，要坚决克服重国际惯例、轻民族习惯，重西方礼仪、轻中华传统的倾向。坚持中国传统是尊严，是国粹；尊重国际惯例是气度，是潮流。事实上，中华民族传统席位安排并不会因为实行改革开放和进行国际文化交流而失去自己的特色。但对于国际惯例绝对不可全部照搬，要防止文化入侵，确保中华民族文化安全。这一问题必须引起足够的重视。

中国公务礼宾接待活动中的席位安排体系是具有中国政治制度、中华民族文化基因，并与现代社会相适应、相协调的优秀礼宾文化；是既继承传统又创新发展，既立足本国又面向世界，适合中国国情的先进礼宾文化。它不仅具有丰富的思想理论内涵，而且具有广阔的应用和创新发展前景，彰显了中国共产党人极大的政治智慧和中华民族深厚的文化底蕴。

综上所述，"和而不同"的当代中国席位安排体系以马克思主义的立场、观点、方法为指导，将民族文化传统、革命文化传统与当代文化融为一体，从而实现了公务活动席位安排的创造性转化和创新性发展。

需要指出的是，我国公务活动中现行的席位安排并非完美无缺，到目前还没有统一的制度规定，但遵循的原则是大体明确的。不可否认，席位安排还存在着需要"更加成熟、更加定型"和"更完备、更稳定、更管用"的发展空间。

211. 如何认识主人与客人身份的区分定位

主人与客人的身份（角色）的区分与定位，是公务接待工作中应该准确把握的一个问题。

主人与客人的区分定位主要在于：主人是一地之主，一物之主，一事之主。主人与客人是相对的，而不是绝对的，在一定的条件和情况下是可以相互转化的。也就是说，由于物权、事权、环境的转化，客人可以反客为主，即便是客人在主人的地域内，主人也可能变成客人，客人也可能变成主人。谁是主人谁是客人，不以活动举办地为依据，而以举办活动的主人为依据。

例如，国外某城市代表团来访，东道主举办欢迎宴会，东道主是主人；如果来访的国外代表团举办答谢宴会，则来访者是主人，东道主是客人。又如，在东道主到客人下榻的酒店房间拜访客人时，东道主进入客人房间后，东道主就成了房间主人的客人。又如，一些活动也并不全是活动在何地举行，何地就是主人，而是以活动的主办方为依据来区分定位的。主办方为主人，参与方为客人。再如，习近平主席访美时接受奥巴马总统赠送红杉木双人椅，赠送前椅子的主人为奥巴马总统，赠送后椅子的主人就成为习近平主席，按照国际惯例"主左客右"，赠送后两人就座此椅时，习近平主席应居左，奥巴马总统居右。再比如，2013 年 11 月 19 日习近平主席在北京会见国际奥委会主席巴赫时，习近平主席是主人，而巴赫是客人，但在习近平主席接受国际奥委会主席巴赫授予奥林匹克金质勋章时，角色就发生了变化，国际奥委会主席巴赫居左，习近平主席居右，这也是角色转化的典型例子。

国内地方政府领导参加全国性或区域性大型活动和

会议时，常常会利用有限的时间和机会开展省市之间双边或多边合作交流活动，活动中谁是主方，谁是客方，同样要遵循上述席位安排原则。

212. 如何认识"左"与"右"的区分定位

我们所讲的"左"和"右"是指特定的人或事物面朝前方（正面向前）时自身的左手位、右手位，或者左侧、右侧。这与人们通常以自己的左、右来表示对方（对面）的方位有所不同，左、右恰恰相反。例如，当两个人面对面站立时，两人的左手与右手就是正好相反。又如，图片中的人物介绍，人们往往不按图片中人物的自身面朝方向的左右位置来说，而是按观看者本人的左右方位来解说。因此，图中的左正好是观看者的右，图中的右正好是观看者的左。观看者的视角不同，方位结果也就不同。再如，古时建筑坐北朝南，则东为左、西为右，也是这个道理。另外，需要弄清楚的是，地图中称的"左西右东"与本书讲的席位安排所指方位恰恰相反。

另外，座位的安排，在古代叫向位之仪，"向"指方向，"位"是位置，二者是联系在一起的。古代建筑坐北朝南，"堂"左右两边的东墙和西墙称为"序"，"序"是主、客及他人在堂上入座的标志性设施。现代社会由于房屋建筑坐落方位的多元化，打破了古时的向位之仪，在座位安排上主要考虑是"左"和"右"，而非"东西南北"。

213. 公务接待活动"上下关系""宾主关系"席位如何安排

（1）上下关系。

无论单数还是双数，1号人物始终居于2号人物右手位，2号人物始终居于1号人物左手位。

（2）宾主关系（主、客关系）。

无论单数还是双数，客人始终居于主人的右手位，主人始终居于客人的左手位。

"主左客右"和"上右下左"是宾主礼仪、上下礼仪的重要表现形式。主要有两层含义：其一，表示身份（主人与客人）；其二，表示尊位（上首位与下首位）。关于二者的运用，主要根据活动的主题、性质、对象来定，不同的情况有不同的含义和解释。

除了以上两种关系，常见的还有主从关系、并列关系、交叉关系等。

214. 什么是席位安排中的"一式多解"

"一式多解"，即一种席位安排形式有多种含义，可作多种解释。"一式多解"是打开我国复杂席位安排的一把"金钥匙"，充分体现了"实事求是""一切从实际出发"的辩证唯物主义思想。"一式多解"从延安革命时期到现在，一直是我们公务接待席位安排的"传家宝"。例如：

1944年6月在接待中外记者参观团时，会场需要悬挂反法西斯同盟四大国（苏、中、美、英）领袖画像，时任延安交际处处长金城在其文集中是这样记载的：

我们的挂法既要从表面看无高低之分而实则有高低之分，使国民党不能挑剔，又要表达我们自己的立场和倾向。我们的挂法是：从左到右为斯大林、罗斯福、蒋介石、丘吉尔。按中国人的习俗是以中右为大，因此看起来是把蒋介石放在了首位，罗斯福第二，丘吉尔第三，斯大林放在最后。而照外国人习惯从左向右排列，第一位是斯大林，把蒋介石、丘吉尔放在后面了，外国人也不会产生不好的印象。周恩来副主席对这种安排很欣赏，他说这虽是一个技术问题，但体现了我们的立场和政策。后来延安其他单位挂像也都按这样的顺序。

需要解释的是，这里金城所说的"左"和"右"是人们从台下往台上看时，人们自身的左和右，而不是四大领袖自身的左手位和右手位。两种表述，其实位置正好相反。为了更好地理解挂像位次的含义，现以图示加以说明（见图 11 - 12）。

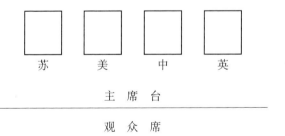

图 11 - 12

这个图，根据不同的需要，可以有不同的理解。

第一种理解：一字形，从右至左排列（习惯做法）。如图 11 - 13 所示。

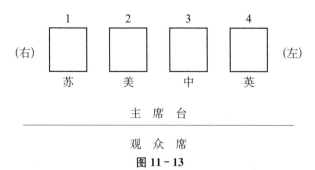

图 11－13

第二种理解：居中右为上（国际惯例）。如图 11－14
所示。

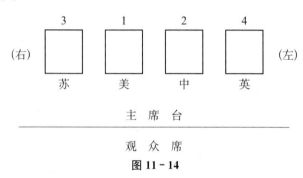

图 11－14

第三种理解：居中左为上（中国传统）。如图 11－15
所示。

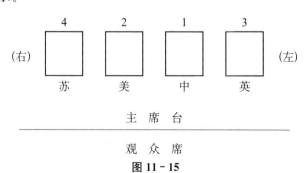

图 11－15

第四种理解：一字形，从左至右按中国传统书写顺序排列。如图 11‐16 所示。

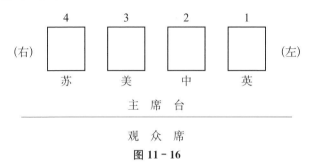

图 11‐16

这种席位安排方法，较好地平衡了各方的利益，尊重和照顾了对方的习惯，坚持了自己的特色，至今对我们仍有借鉴意义。

215. 什么是"单中心"会议席位安排

"单中心"会议席位安排是指，参会领导人数无论为奇数（单数）还是偶数（双数），主席台均采用 1 号人物居于中心位置的安排。如图 11‐17 所示。

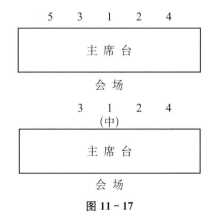

图 11‐17

216. 什么是"双中心"会议席位安排

"双中心"会议席位安排是指，参会领导1号人物与2号人物分别居于中心线的两边。即1号人物位于中心线的中右位置，2号人物位于中心线的中左位置。如图11-18所示。

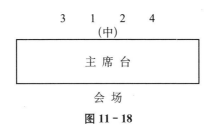

图 11-18

217. 什么是"双方对坐式"会议席位安排

"双方对坐式"会议席位安排是指，主方与客方或上级机关与下级机关双方分别位于会议桌的一侧（边）。会议桌横对门时，客方或上级机关一方位于面门一侧，主方或下级机关一方位于背门一侧。如图11-19所示。会议桌竖对门时，一般以进门方向的右侧为上，客方或上级机关一方位于进门后的右边一侧，主方或下级机关一方位于进门后的左边一侧。如果设有背景板则以背景板为准，客方或上级机关一方位于背景板的右边一侧，主方或下级机关一方位于背景板的左边一侧，即"主左客

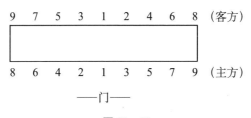

图 11-19

右、下左上右"。如图 11-20 所示。

图 11-20

218. 什么是"双方同侧平坐式"会议席位安排

"双方同侧平坐式"会议席位安排是指，主、客双方位于会议桌的同侧（朝向一致），席位按照"主左客右"和各自的礼宾排名次序从中间向两侧进行安排。如图 11-21 所示。

6	5	4	3	2	1		1	2	3	4	5	6
		（客 方）右							左（主方）			

会 场

图 11-21

219. 如何布置国内会议主席台

会议分为设主席台和不设主席台两种形式，设与不设主席台要视会议需要而定。一般来说，会议都设有主席台，如党代会、人代会、政协会、庆祝会、表彰会、动员会、记者会、报告会等。而工作汇报会、座谈会、研讨会、讨论会等会议因规模较小，且相互之间需要互动交流，就不一定设主席台。

会议主席台的布置，按照务实从简的精神，工作性会议不得铺设红色地毯、摆放花草和绿色植物等。背景板是会议主席台重要组成部分，背景板通常由下列内容组成：会标（回头标和宣传标）、会徽（位于主席台的天幕中央，形成会议视觉中心）、会议名称（一般不超过13个字）、会议举办的时间和地点，以及会议的主办方、承办方、支持单位等办会单位名称。会议主席台采用悬挂横幅的传统做法时，横幅一般是红地白字。会议名称如有中英文，则中文在上，英文在下（外方主办的会议活动，外文在上，中文在下）。

如果设有报告席（发言席），则报告席位于主席台的右前方。

根据规模大小、人员多少，主席台的台形可以是一排、二排、三排，或者更多排（甚至分区域设立）。特别是一些大型活动仪式的主席台，主要领导同志按礼宾次序安排座位，其他嘉宾座位则采取只分区而不排座位，或者安排在观众席就座的方式。主席台要讲究台面效果，突出前排、突出主位，做到美观大方和协调对称。一般来说，前排人数少，后排人数多于前排。

主席台的席位安排是根据会议的主题、性质、类别、内容、规模、规则、程序，以及职务、姓氏、单位等多种因素综合进行考量的，不同的会议对主席台席位的安排有着不同的要求。有些会议主席台席位是固定的；有些会议主席台席位是相对固定，并随着会议进程而不断变化的；有些会议主席台席位是按照会议程序和规则进行设置的（如"两会"）。对此，必须予以充分了解，并根据会议需要及时调整席位。为了提高会议的效率和质量，营造良好的会场秩序，使与会人员迅速、准确入席就座，会务工作越来越趋于规范化，在席位安排上除摆放席位签（席位签的颜色：国际性会议活动，通常为白地黑字或蓝地黑字、白字；国内会议活动，通常为红地黑字或粉地黑字），还绘制会议席位安排一览表，使与会人员一目了然。

220. 国内会议主席台席位安排的基本规则是什么

国内会议主席台席位安排遵循以下基本规则：单数以居中为上，然后按先左后右、一左一右的顺序排列（左为上）；双数以右为上，以左为次，然后按先右后左、一右一左的顺序排列；双数按单数排时，主位始终处于正中间，两边呈不对称形状。

221. 会议主持人与报告人席位如何安排

主席台双人席位安排常见于报告会，即一位报告人，一位主持人。报告人与主持人的席位安排，目前全国各省（自治区、直辖市）掌握的不尽相同，理解也不尽一致。主要有两种摆法：一种是报告人居左，主持人居右（见图11-22）；一种是报告人居右，主持人居左（见图11-23）。以上两种摆法都有道理，主要看怎样理解双方的关系和其中的含义，没有对错之分。如果按上下级关系，则级别高者居右，低者居左；如果按主、客关系，则客人居右，主人居左。这样摆符合"双数右为上""2号人物始终居于1号人物左手位"的原则。

图 11－22

注：按职务级别安排，级别高者居右、低者居左，主持人职务高于报告人。

报告人	主持人
右	左

会　场

图 11－23

注：按主、客关系安排，主左客右。

222. 不设主席台的会议如何进行席位安排

不设主席台的会议也有两种形式：一种是会议有主席台，但主席台上只设主持席和报告席（发言席），其他领导同志均在台下前排就座；第二种会议不设（没有）主席台，与会人员围桌而坐。这里所讲的主要是指后者。

不设主席台的会议形式有三个特点：一是场地规模一般较小；二是人数相对较少；三是便于互动交流沟通。如座谈会、讨论会、联席会、协调会、研讨会、汇报会、办公会、民主生活会、集体学习等小型会议活动。根据会议性质、规模、场地等因素，此类会议席位安排的桌

（台）形主要有圆形、椭圆形、一字形、口字形、回字形等，并可根据需要在此基础上进行扩展。有时会议还采用沙发椅摆放，不设会议桌（台），这种形式多用于讨论会、座谈会等。

会议不设主席台，并不意味着会议席位的桌（台）形可以任意摆放，这类会议往往对桌（台）形及席位有着更高的要求。不同的会议内容、性质、程序，有着不同的会议形式。在桌（台）形的布置上既要符合会议的主题内容、性质和人员构成，又要注重形式、氛围、程序和礼宾次序，做到形式和内容的协调。国内会议，讲究面门设座，依景设座。面门设座，是指面对会议厅（室）正门一侧为上首位，背对门一侧为下首位。依景设座，是指会议桌（台）的上首位因场地限制不一定非要面对会议正门，而是以会议场地内的主要景致（背景）为依托设置主要位置，如旗帜（党旗、国旗）、徽标、字画、匾额、背景板、屏风、绿植、花草、幕布等。背靠背景一侧为上首位，面向背景一侧为下首位。在席位的设置安排上，还要考虑突出重点，如椅子的款式、占据的空间和座位的高低，以示有别。

223. 不设主席台的会议席位安排常见形式有哪些

党政机关会议不设主席台常见的席位安排形式有：

（1）圆桌（椭圆桌）席位安排。如图 11－24 所示。

（2）圆桌（椭圆桌）、长台条形桌混搭组合席位安排。如图 11－25、图 11－26 所示。

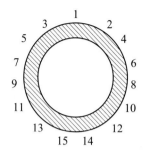

图 11 - 24

注：圆桌会议是一种平等对话的协商形式，是平等交流、意见开放的代名词，现已广泛地应用于国内党政机关、企事业单位的会议活动之中。

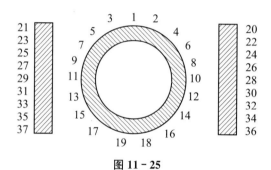

图 11 - 25

注：长台条形桌按位次左右交叉横排。

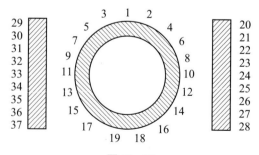

图 11 - 26

注：长台条形桌从左至右按位次纵向顺排。

（3）一字形长台桌席位安排。如图 11 - 27 至图 11 - 32
所示。

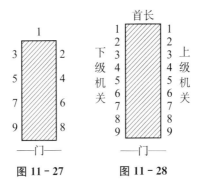

图 11 - 27　　　图 11 - 28

注：上下级关系时，首长（会议最高领导）居中，上级机关居首长左手
一侧，下级机关居首长右手一侧；主、客关系时，客人居上级机关一侧（进
门右手一侧），主人居下级机关一侧（进门左手一侧）。

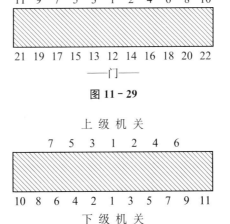

图 11 - 29

图 11 - 30

注：主、客关系时，客人居上级机关一侧，主人居下级机关一侧。

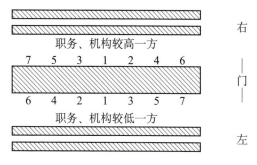

图 11－31

注：正对门无背景板时，以进门右侧为上。双方座谈时，职务或机构较高一方位于进门时的右手一侧，职务或机构较低一方位于进门时的左手一侧（如直辖市与省会城市之间工作交流座谈时的席位安排）；如果双方城市规格、职务级别相当，则客方位于进门时的右手一侧，主方位于进门时左手一侧。

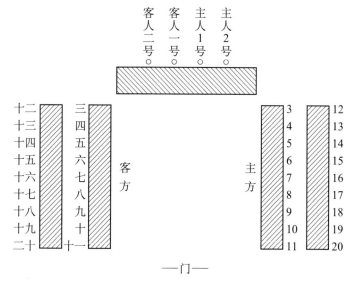

图 11－32

注：此种安排常用于国内两地之间工作交流座谈会。双方主要领导面门而坐（相当于主席台或背景设置），双方按照"主左客右"，各坐一边。

224. 会议代表席如何安排席位

会议代表席（观众席）席位安排是指会议主办方按照礼宾排名次序和会议需要，根据席位安排规则对在代表席上就座的与会人员进行的座位安排。席位安排的一般要求：

（1）符合会议主题、内容。

（2）符合会议程序、规则。

（3）符合会议传统惯例。

（4）符合提高会议效率的原则。

（5）符合（面朝主席台）单数居中为上、居左为次、居右再次之，双数居右为上、居左为次的原则。

席位安排的排法，主要有横向排列法、纵向排列法、居中左右排列法、右左排列法等。不同会议有不同的形式，所以在运用这些排列方法时，要严格按照会议要求，结合实际、科学安排、统筹考虑、综合运用。根据会议需要，既可以使用一种方法，又可以多种方法并用；既可以将代表安排到"位"，又可以安排到"区"；既可以前几排按礼宾排名顺序进行席位安排，又可以后几排按区域，分类别、分系统、分单位进行席位安排等。除了以上几种排法，还有自由择座、按区域就座等形式。近年来，全国两会还采取了会议代表（委员）座位轮换制。总之，形式要为内容服务。

第十二部分
合影、剪彩、颁奖服务

225. 合影席位安排需要考虑哪两种关系

公务活动中的合影就人物关系而言，主要有两种情况：一是合影者是上下级关系；二是合影者是主、客关系（宾主关系）。由于相互关系不同、角色不同，所以合影时的席位安排（站位、座位、走位）也就不同。

226. 上下关系合影席位如何安排

上下级关系合影席位安排遵循以下原则：单数以中为尊，以左为次，以右再次，以此类推；双数以右为尊，以左为次，以此类推。单数与双数的共同特点：1号人物始终在2号人物的右手位，2号人物始终在1号人物的左手位。

上下级关系的合影主要有以下几种形式：

（1）前排单数、后排双数。

①前排人多、后排人少的排位。如图 12-1 所示。

16 14 12 13 15 17
11 9 7 5 3 1 2 4 6 8 10
照相机

图 12-1

②前排人少、后排人多的排位。如图 12-2 所示。

18 16 14 12 10 11 13 15 17 19
9 7 5 3 1 2 4 6 8
照相机

图 12-2

（2）前排双数、后排单数。

①前排人多、后排人少的排位。如图 12-3 所示。

```
          15  13  11  12  14
9   7   5   3   1   2   4   6   8   10
          照相机
          图 12 - 3
```

②前排人少、后排人多的排位。如图 12 - 4 所示。

```
17  15  13  11  9   10  12  14  16
  7   5   3   1   2   4   6   8
          照相机
          图 12 - 4
```

227. 宾主关系合影席位如何安排

公务活动中的宾主关系，不仅适用于外事活动，也适用于内事活动。在我国公务活动合影中，凡以宾主关系相待时，均按国际惯例"右为上"的规则排位，即"主人居中，以右为上（客人）"，或者"主人居左，以右为上（客人）"。在合影排位时，通常有两种排法：一是宾主分列排位法，即双方人员主左宾右依次排列各站一边；二是宾主交叉排位法，即主、客双方间隔排列（此种排列，两端均应由主方人员把边）。分列排位，一般用于外事活动合影，宾主双方左右分边站立（分边设座），按照各自礼宾次序很容易迅速到位。从整体而言也依然体现了主左客右的礼宾原则。交叉排位，一般用于内事活动合影，主、客双方交叉站位，给人以亲近的感觉。举例如下：

（1）宾主分列排位法。

①前排单数，主人居中。如图 12 - 5 所示。

```
        客  方          第三排      主  方
        客  方          第二排       主  方
      6 5 4 3 2 主宾  主人 2 3 4 5 6 7
                      照相机
```

图 12 – 5

②前排双数，主人、主宾居中。如图 12 - 6 所示。

```
        客  方          第三排          主  方
        客  方          第二排          主  方
      8 7 6 5 4 3 2主宾  主人 2 3 4 5 6 7 8
                      照相机
```

图 12 – 6

（2）宾主交叉排位法。

①前排单数。如图 12 - 7 所示。

```
                  第三排
                  第二排
      主陪 客人 主陪 主宾 主人 客人 主陪 客人 主陪
                  照相机
```

图 12 – 7

注：主陪指主方陪同人员，下同。

②前排双数。如图 12 - 8 所示。

```
                  第三排
                  第二排
      主陪 主陪 客人 主陪 主宾 主人 客人 主陪 客人 主陪
                  照相机
```

图 12 – 8

228. 如何安排好集体合影

正式的合影，一般需要预先排列位次，制好合影图。合影时，一般均应站立，必要时，可安排前排人员就座，后排人员则可梯级站立。正式场合合影者不宜蹲着参加拍照。尤其是让领导同志坐着，下属或一般群众蹲着，要严格禁止。合影前，前排座位应贴上名签。领导同志出席重要活动站立时，应提前贴上地签，并告知出席合影的领导同志所处的站位地签序号（也可以纸条方式告知），以免站位次序混乱。

229. 剪彩仪式如何站位

剪彩仪式也是公务活动中领导同志经常参加的一种礼仪性活动。参加剪彩仪式的有关领导和人员的站位，应根据剪彩项目的性质、内容来安排。根据规则，国内项目剪彩仪式按照国内习惯"居中为上""居左为次""居右再次之"，以此类推的排列顺序安排站位；涉外项目剪彩仪式安排，按照国际惯例"右为上"安排站位。具体排法与会议主席台席位安排基本一致。

剪彩仪式的站位主要有以下几种排法：

（1）内宾剪彩。如图 12-9、图 12-10 所示。

```
16  14  12  10  8   6   7   9   11  13  15
                5   3   1   2   4
```
_____

观 众 席

图 12-9

注：1~5 为剪彩人。

```
11  9  7  5  3  1  2  4  6  8  10
```
_____

观　众　席

图 12 - 10

（2）涉外剪彩。如图 12 - 11、图 12 - 12 所示。

```
10  8  6  4  2  1  3  5  7  9  11 (单数)
```
_____

观　众　席

图 12 - 11

```
7  5  3  1  2  4  6  8 (双数)
```
_____

观　众　席

图 12 - 12

230. 国内颁奖（颁发证书）仪式如何站位

国内颁奖、颁证时的站位，一般有两种情况。

一是上级对下级、领导对部下、校长对学生、职务高者对职务低者进行颁奖、颁证，或者授衔、授勋、任命。此种情况的站位遵循以下原则：双人右为上，即颁奖人居右、领奖人居左（见图 12 - 13）。从形式上表明的是"上下级关系"。符合国内公务活动席位安排"双数时，1 号人物居于 2 号人物右手位，2 号人物居于 1 号人物左手位"的规则。

二是领导同志为杰出人物，如老科学家、老教育家、老艺术家、老劳模、老标兵等德高望重人士和先进人物颁奖时，其站位安排通常是颁奖者居左，领奖者居右，以示领导同志对领奖者的尊敬，即"右为上"（见图 12 - 14）。

背　景　板

颁奖者　　　领奖者
（右）　　　（左）

（主席台）

观众席

图 12 - 13

背　景　板

领奖者　　　颁奖者
（右）　　　（左）

（主席台）

观众席

图 12 - 14

注：颁发聘书时的站位，也可按此安排。

231. 涉外颁奖（颁发证书）仪式如何站位

涉外颁奖或颁发证书时的站位应遵循的原则是主左客右，即颁奖人居左、领奖人居右。如图 12 - 15 所示。

背　景　板

领奖者　　　颁奖者
（右）　　　（左）

（主席台）

观众席

图 12 - 15

232. 颁奖（颁发证书）仪式的准备工作主要有哪些

（1）确认主席台人数、奖品种类和数量、每轮颁发数量和顺序，是否准备用具，如托盘、红绸布、奖品推车等。

（2）确认颁奖音乐。

（3）确定颁奖线路，留好颁奖通道。

（4）确定颁奖礼宾人员。

第十三部分

公务接待方案

233. 接待方案在公务接待活动中的作用是什么

按照中共中央办公厅、国务院办公厅要求，党政机关各级部门和单位承担重要、重大接待任务都必须制定详细的接待工作方案，并"按照务实、高效、节俭的原则，对接待工作方案认真审核，严格把关"；一般的公务接待活动也要制定相应的接待方案（任务不分大小，都必须有方案），并按规定及程序审批后实施。接待任务实施过程，也是接待方案实施的过程。

公务接待方案是公务接待任务活动的重要组成部分，是对接待任务的工作部署，是指导接待任务全过程的行动指南，是一种具有公文性质的应用文体。公务接待方案在整个接待任务过程中起着统筹保障、规划指导、沟通协调和具体安排的作用，是确保公务接待任务完成，实施组织、管理、运作的有效工作方式和制度安排。同时，也是公务接待工作进一步规范化、制度化、依法行政，依规接待的必然要求。制定接待方案是一项政策性、专业性极强的基础工作，也是接待工作人员必须具备的一项基本功。

234. 为什么说接待方案是"顶层设计"

接待方案是"顶层设计"，方案内容在一定程度上反映了当地党委、政府对此项接待活动的思想认识和工作思路，反映了当地主要领导对来宾的重视程度和对公务接待规定的执行情况。重要的接待方案，党委、政府主要领导同志都应认真审核、严格把关，接待任务亲自挂帅、亲自指导，既是组织者，又是参与者。有些特别重要的接待任务，往往是中央有关部门直接组织，地方负责落实。（有时主要领导同志亲自主持召开任务协调会，听取前站组意见，对重点和细节作出批示，予以指导；必要时亲自统筹，整合资源，明确分工，细化各点流程，亲自带队踩点检查准备情况。）公务接待是一个系统工程，具有全局性。在接待活动中，无论职务高低，实际上都是接待人员，只不过每个人在接待活动中所扮演的角色不同而已。

235. 接待方案起草人员应具备哪些基本素质

方案起草人员是代表本地党委、政府（或部门、单位）应命写作，方案的落款有法定的作者，即部门或单位。制定公务接待方案是一项负有使命的组织行为，要求写作人员必须熟悉公务接待的有关规定，熟悉省、市、区（县）情况（包括领导同志的相貌及排序等）；有丰富的礼宾接待专业知识；有能力驾驭领导考察调研工作的统筹运作和细节安排；有"身在兵位、胸为帅谋"的担当意识，善于站在全局的角度去思考问题、谋划工作，格局要大，眼界要宽，科学设计接待工作的"点、线、面"；能及时协调和沟通接待活动中可能发生的一些具体事宜；具有相当的文字水平和现代办公设备使用技能，由专业的人做专业的事。

制定接待方案的工作过程，也是一个极好的提高个人综合素质的过程。公务接待工作的对象层次高，有着丰富的政治、经济、社会等方面的智慧和学识，通过接待服务也可以从接待对象身上学到他们的品质和智慧。

236. 接待方案如何体现地方工作特色

接待方案的制定要在确保完成为领导和领导机关工作大局服务，为来宾考察交流活动服务的前提下，尽可能地突出地方特色，展示发展成果，体现发展优势。让上级和来宾进一步了解认识本地、关注支持本地，利用接待工作平台和资源优势助推本地经济发展。也就是说，要将接待工作过程转变为汇报和反映本地工作的过程，转变为接受上级领导检查、指导本地工作的过程，转变为履行职责、主动服务的过程。

237. 制定接待方案的程序是什么

接待方案的制定程序是接待工作非常重要的环节，涉及接待部门的地位、作用和工作机制。

以市级接待为例，方案制定与组织落实的普遍做法是：重要接待任务的方案，由市接待办制定，经市委（或市政府）办公厅（室）呈秘书长审定，市领导批准后，由市接待办组织落实，市领导参与接待，由市接待办商请市委（或市政府）办公厅（室）协调安排；一般接待任务由市接待办或相关办公厅（室）制定接待方案，经市委、市人大、市政府、市政协秘书长签批后，负责组织落实，市领导以及有关部门负责人参与接待活动，由市接待办商请有关办公厅（室）协调安排；需市委领导或两套班子以上市领导参与接待的，由市接待办或对口办公厅（室）商请市政府协调安排；接待本省领导同志，由市有关办公厅（室）制定工作方案（此类任务往往领导活动更直接，工作更具体，针对性更强），报请市领导批准后会同市接待办组织落实。

238. 制定接待方案的总体原则是什么

依法接待、按规操作、有利公务、务实节俭、符合礼仪、严谨规范、安全高效、尊重民俗。具体讲，应遵循以下原则：

（1）符合中央、省（自治区、直辖市）、市委有关政策规定。

（2）符合重宾工作要求和来宾考察意图。

（3）方案设计有利于宣传地方党委工作决策部署。

（4）策划行程时，要有足够的接待预案。

（5）活动安排便于重宾联系群众，深入基层。

239. 如何确定公务接待礼宾规格

关于规格问题，对上级领导同志的迎送、陪同规格，中央有明确规定。国内同级机关来宾的迎送、陪同、会见、会谈、陪餐、签约等礼宾规格各地也都有规定，做法基本相同。

地方礼宾规格的确定主要依据来访者的身份和客团性质、目的，适当考虑两地关系。正式场合出面领导通常要与来宾的职务身份对等（或相当）、工作对口。"对等"也要分场合，如迎送、陪同时就不一定对等，通常陪同人员低于主宾一格或半格。但在会见、会谈、座谈、签约等正式场合时应该按照对等原则安排。但有时实在没有对口、对等领导，也可以采取变通措施，由相当职级的领导出面。

接待规格（礼宾规格）反映主人对来宾的重视程度，对考察活动起着至关重要的作用。总之，由于各种原因主、客双方身份不能完全对等时，可灵活变通，但相差不要过大。礼仪可以简化，但不能失礼。

240. 制定公务接待方案前应了解哪些相关接待信息

（1）了解任务主题、任务规格、接待原则和相关规定。

（2）了解领导批示精神。准确把握接待工作重心，方案提出的工作建议要合理，参在点子上，谋到关键处。

（3）了解客团要素信息、背景资料、特殊情况。

客团信息：任务名称、带队领导、人员名单、职务、称谓、性别、民族、来访日期、事由、要求、抵离时间、交通工具（乘坐飞机、火车或自备车）、航班号或车次、来宾联系人和联系电话等基础性资料信息。

背景资料：主要来宾的生平阅历、民族籍贯、性别年龄、教育背景、分管工作、处事风格、荣誉成就、兴趣爱好、身高体态、宗教信仰、饮食习惯、住宿习惯、乘车习惯、起居习惯以及往来情况等信息。（据此，可在接待中有针对性地融入个性化元素，体现个性化安排，满足个性化要求。）了解领导同志的有关信息还可以从新闻报道、领导讲话等领导活动中研究其工作风格。

（4）了解领导同志的工作目的和生活需要。把握对接待工作的要求和注意事项。在接待过程中，注意征询反馈意见，及时调整和改进接待工作。

有时，还可以与任务对象的身边人员沟通联系，或向其曾经的工作地或已考察过的前几站了解有关情况，从而更好地提供服务保障。

（5）了解相关接待单位的有关情况。

主要了解和掌握接待场所、酒店的接待能力和水平。例如客房、餐厅、会议室（包括会议室的数量、形状、面积、功能、风格、价格），停车场的位置及车位数，电梯品质、位置、数量及可乘人数等。还需要了解拟参观考察接待单位的接待条件、名称、位置、距离、路线、内容或项目、场地、环境、现状、历史背景材料等情况。

241. 任务前期工作对接主要包括哪些内容

任务对接，在接待活动中处于重要位置，贯穿于接待活动的全过程。任务前期工作对接主要包括以下内容：

（1）与来宾单位或前站人员对接，了解对方考察意向、目的和要求，协商考察事宜，包括日程安排、考察内容、迎送陪同、会见会谈、住宿交通、招待陪餐、座谈交流等。

（2）根据任务需要确定接待单位、对口部门和任务相关单位，如考察点、下榻宾馆、新闻单位、医疗卫生、交通警卫、机场车站等。做好对上、对下任务前期衔接工作。

242. 如何起草公务接待方案

各级党政机关接待部门根据任务批件要求，按照领导同志和来宾公务活动内容，由接待部门会同任务相关单位拟订接待方案（预案）。接待方案（预案）内容包括考察项目、路线设计、之间距离、所需时间、迎送、陪同、会见、座谈、陪餐、会议、食宿、合影、乘车、医疗保健、食品卫生、新闻报道、安全警卫、职能部门、相关单位、日程安排（重要日程的建议方案草拟过程不是一次就能完成的，往往要多次踩点，与有关方面反复沟通，跟踪对接，不断调整，细化优化，并按时间流程汇总形成日程安排）、天气预报、联系电话、市情、考察点简介等。重要接待任务要有预案，以供领导决策参考。具体要做好以下工作：

（1）草拟参与迎送、陪同、会见、座谈、陪餐领导及有关部门负责人活动安排。

在草拟方案时，提出参与和出席的迎送、陪同、陪餐、汇报（座谈）会等人员安排。需要当地领导同志参与接待活动的，由接待办商请对口办公厅（室）协调。为了避免过度层层陪同，要严格执行有关规定，控制陪同、陪餐人数，以及本级接待人员、相关单位工作人员和服务保障人员的人数，能量化的可在拟订的接待方案中予以提出。

重要活动，一般要设计礼宾程序，如迎宾程序、送宾程序、会见程序、会谈程序、座谈程序、陪餐程序等，做到礼仪规范，程序严谨。

（2）确定来宾下榻宾馆，安排食宿。

食宿安排是生活安排的主要部分。安排食宿要按中央规定执行，同时考虑任务性质、工作需要、生活习惯和来宾要求，为来宾提供休息、工作和活动便利。

重要接待任务需编制住宿、用餐、乘车安排一览表（包括单位、姓名、职务、房间号、电话号码、餐厅名称、会议地点、车辆编号、作息时间）。

（3）草拟客团活动日程安排。日程安排是接待方案的核心内容，也是整个接待任务的主体部分，包括项目考察、情况调研、工作汇报、座谈交流、会见会谈、迎送陪同、出席会议、各种仪式等。日程安排是将这些内容，根据活动的需要，以天为单位，具体到时、分，安排每一天的行程和活动（重要任务要做到各项流程精确到分，细化到秒，责任到人）。

（4）确定陪餐有关事宜。公务接待陪餐具有工作性、礼节性。陪餐又称为餐叙（边用餐边谈工作），陪餐要严格按规定执行。重要任务工作陪餐要制定工作餐方案，工作餐菜单需经过审查批准后方能实施。

（5）确定接待任务车辆，编制乘车安排表。根据公务出行人员情况，按照轻车简从要求，合理使用车型，尽可能安排集中乘车，严格控制随行车辆及人员。重要任务车队原则上不超过 3 辆中型车（主车准备备用车），一般任务车队原则上不超过 2 辆中型车。其他活动应根据情况安排集中乘坐大型车。严格按照有关规定使用警车，不得违反规定管控交通。确因安全考虑需要安排警卫的，应当按照规定的警卫界限、警卫规格执行（包括现场控制、路线警卫、沿途护送、近身安保、道路交通等）。合理安排警力，尽可能缩小警戒范围，在确保安全的前提下，为领导同志深入基层、贴近群众创造条件。

（6）确定来宾考察项目。重要接待任务或新增加的考察点需要进行实地踩点，进一步落实项目准备、行车路线、停车地点、上下车位、参观路线以及考察活动中举行的汇报会、座谈会、会见、餐叙会、合影等场地设施情况。

（7）确定会议活动场地。会议活动场地安排主要包括汇报会、座谈会、会见、会谈、签约等会议形式。要根据会议形式、规模布置场地。会场一般要求备音响（含录音）、摆放名签、会议材料、与会人员名单、信纸、铅笔、茶具等。会场不摆鲜花，不备水果，不放烟缸。

（8）资料准备。准备省情、市情简介，视察点、参观点、考察点情况简介等。地级以上市的基本情况资料一般不超过 800 字，县（市、区）基本情况资料不超过 600 字，考察点简介不超过 400 字（考察点简介按考察路线先后顺序排列）。

（9）根据需要，确定执行任务的相关单位，如警卫、交警、新闻、考察点、机场、车站、港口、对口业务单位等。

（10）确定迎送车辆、人员、时间、地点和路线。

（11）确定任务负责人和承办人（包括打前站、陪同、取行李、接站、值班等）、工作用车、工作用房、工作用餐、通信联络、办公用品（物品）计划，大型活动要附有专项经费预算方案。

接待方案草拟后，按审批权限报有关领导审批。（重要任务接待方案须征求上级领导部门的意见，征得同意后实施；一般任务也要与对方提前沟通，尽量满足合理要求，否则应做好解释工作。）

243. 如何召开接待任务协调会

不同层级的党政机构类别，具有不同的公务接待统筹。重大接待任务按惯例要在接待方案正式确定前后召开协调会，组成接待工作团队。参加协调会的单位应根据任务需要而定，通常有接待、公安、消防、民杭、铁路、高速公路、食品检疫、医疗保健、宾馆（酒店）、任务辖区等相关单位，以及有关方面的主要负责人参加。协调会的目的是听取有关单位意见和建议，明确任务分工，落实工作责任，提出任务时限、标准、要求和注意事项。

一般接待任务由接待办牵头、组织协调（包括协调会的会议通知、会场布置、会议材料等会务），相关部门和单位参加，按工作职责进行分工和提出要求，分头实施；重要任务由党委或政府秘书长（相关机关秘书长），或党委、政府负责接待工作的副秘书长出面进行协调。接待办负责具体组织落实。如接待党和国家领导人、省部级领导同志、地方党政考察团等重要公务活动，由于工作指导、工作考察处于非常重要的位置，因此召开的接待工作协调会，一般都由党委或政府秘书长（相关机关秘书长）或副秘书长召集，对参与接待工作的有关各方明确任务分工、落实工作责任、提出工作要求、拟订各自接待安排和实施细则，并由接待办负责方案的组织落实工作。重要的接待任务，地方党政主要负责同志通常都会亲自主持协调会议，布置任务，听取有关单位意见和建议，对重点和细节提出要求。党委或政府秘书长靠前指挥，统筹协调，精心安排，组织预演，走线踩点，明确分工，细化流程，检查落实。重要接待任务需要反复多次检查落实，通过检查、落实，再检查、再落实，不断完善，直至万无一失。

重大或大型接待任务往往需要组织专门的工作班子，成立专门的工作机构，设立任务总牵头人、总协调人、总负责人、总调度、总接待、总保卫等，实行大兵团作战。

根据任务大小、重要程度，接待方案有"综合方案"和"专项方案"之分。"综合方案"又有"大综合"与"小综合"之分。在人员配备上有时是单兵、小分队作战，有时是集团军、大兵团作战。一个大任务，就是一个战役。不同任务，有不同要求。

244. 接待方案的综合与统筹是怎样进行的

方案综合的一般流程为：

（1）由"两办"拟订领导活动方案、日程安排、人员名单。

（2）由对口业务单位（工作部门）提供工作方案（活动安排、考察流程、考察点、考察项目、地理位置、行进路线、活动场所、情况汇报、工作交流等）。

（3）由相关部门或单位（公安警卫、医疗卫生、铁路民航、电力通信、宾馆酒店等）提供保障方案及各种配套安排。

（4）由接待办拟订生活方案（食宿、乘车安排）、礼宾方案（各种礼宾活动的安排）。

（5）由接待办负责方案统筹，将以上各专项方案进行综合，形成整体方案。

需要说明的是，通常日程的建议方案草拟过程不是一次就能完成的，往往要经过多次踩点，与前站组和重宾方面反复沟通，不断调整、细化、完善。按照踩点过程中前站组达成的一致意见，把整个行程的接送站、用餐安排、考察安排以及会议安排等重要活动按时间流程汇总形成日程方案。

接待任务初步方案送审程序：

一是草拟的日程方案经重宾方面初步认可后，将方案建议稿按程序上报审批。

二是按照重宾方面意见，对日程方案建议稿进行修改、优化、完善，最终形成日程方案送审稿，按程序报送领导签批。

245. 接待方案的起草流程是什么

根据任务批件，启动接待方案起草程序。

（1）处室草拟方案。

（2）分管副主任初审。

（3）接待办主任审核。

（4）相关办公厅（室）把关，秘书长审定。

（5）主管领导签发。

拟订的接待方案应按接待任务管理权限进行报批。通常是一般接待任务由相关机构秘书长批示，重要接待任务由秘书长或党政主要领导同志批示，特别重要的接待任务由党政主要领导同志批示。

246. 如何实施和下达本级接待部门编制的接待方案

接待方案一经批准，应立即以党委或政府办公厅（室）发文形式电传下一级相关党委或政府，下达任务通知。按照工作机制，启动工作程序，进入接待状态，落实接待方案。

接待办应按正常渠道和程序，将方案及时报送参与接待的领导同志，抄送参与接待工作的新闻报道、公安警卫、食品卫生、医疗保障等相关职能部门和单位；协调联系机场、车站、港口等单位，为来宾提供必要礼遇；通知考察点及属地管理部门按要求做好考察服务工作。无特殊情况，一般不得更改接待方案内容，重要接待任务更应严格执行。如果调整活动内容或行程，则应按程序办理。

任务本级接待办公室根据批准后的接待方案编制实施方案（实施细则）亦称接待安排。内容包括来宾名单、陪同名单、日程安排、迎送安排、住宿安排、用餐安排、乘车安排、汇报（座谈）安排等，并负责全程跟踪跟进，指导落实。落实接待方案是一项比较复杂的工作，尤其是重要或大型接待任务方案可以说是一项庞大的系统工程，往往要在几十或上百个单位之间进行协调落实（此类任务的接待方案手册制定出来以后，通常是厚厚的一大本）。

247. 如何落实上级接待部门编制的接待方案

各有关接待单位和部门要根据上一级接待办公室编制的接待方案、日程安排，结合本地区、本部门、本单位所承担的接待任务情况，制定具体的实施方案，包括考察点、内容简介、行车路线、之间距离、行驶时间、停车地点、上下车位、参观路线、会议、合影、签约，以及迎送、陪同等其他有关事项。必要时，上级接待部门应对各有关接待单位和部门所编制的实施方案和接待安排进行审查、优化和指导。

各考察点在接到任务通知后，要根据要求做好准备工作，落实考察内容、场地布置、引导、介绍、汇报、讲解、资料、接待服务等各项工作，保证参观、考察活动顺利进行。

248. 接待方案内容主要包括哪几个部分

接待方案的内容主要包括下列几个部分。

（1）来宾信息。包括客团名称、人员名单、带队领导、职务级别、民族、性别、到访日期、考察内容、目的要求、交通工具、航班车次、抵离时间、通信联络、背景资料等。

（2）礼仪安排。包括迎送、陪同、会见、座谈、陪餐、合影等安排。重要的接待任务，通常还要专门针对重要仪式和重要节点设计礼宾程序与示意图。如迎送程序、会见程序、陪餐程序，以及座谈、合影、签约等程序。

（3）日程安排（工作安排）。包括日期时间、路线设计、之间距离、车辆时速、行驶时间、项目考察、情况调研、工作汇报、座谈交流、出席会议、各种仪式等工作内容的安排。

（4）生活安排。包括用餐、住宿、乘车等生活服务保障安排。

（5）任务分工。包括安全警卫（场所、驻地）、交警保障、新闻媒体、医疗保健（医生、护士）、卫生防疫、考察点、对口部门及相关单位（根据任务需要，进行任务分工）的统筹安排。

（以上各项可以视任务情况删减。）

249. 如何拟订接待方案的名称（标题）

方案名称是根据任务性质和内容而定的。这里所的"接待方案"是广义的，是通称，是泛指。在实际工作中，有时也称"工作安排""活动安排"等。内容决定形式，公务接待内涵丰富、形式多样，涉及党政机关工作的上上下下、方方面面，如出席会议、考察调研、执行任务、学习交流、参观访问、检查指导、请示汇报工作、对口支援、招商引资、处理突发事件等公务活动都是接待工作的内容。公务接待任务的多样性，也给接待方案名称准确表述接待任务带来了一定的困难。现将几种常见的文字表达形式举例如下：

例1：××省省长×××在×考察工作方案

例2：×××先生一行在×参访接待方案

例3：××市党政代表团在×考察工作安排

例4：×××一行在×活动安排

注意，当任务名称使用"视察""考察""检查""参访""活动"等词语时，一定要以上级机关的任务通知和本级机关的任务批件为准，对任务名称不可随意更改和使用。

250. 如何收集整理考察点简介

（1）考察点的简介通常由属地管理的接待部门或单

位负责收集整理把关，在规定时间内报送上级接待部门。

（2）考察点简介，市情不超过 600 字，其余点位简介不超过 400 字。

（3）在接待方案正式确定前，收集过程中要注意跟踪点位变动情况，及时对接调整汇总。

（4）各考察点确定之后，简介按考察线路先后次序排列，并按统一格式进行排版。

251. 如何印制接待手册

（1）校核：将日程方案审定稿排版制作接待任务手册清样，由承担任务的接待处处长、秘书处（综合处）处长、办公厅（室）分管副主任三校审核无误，签字（按权限审批）后排版付印。

（2）筛选：根据压印、胶封、切边、印刷等情况，对成品手册进行筛选。确保有质量瑕疵的手册不送到来宾和领导手中。

（3）编号：按照机构序列进行编号。

（4）加密：根据任务等级设置密级。

（5）封装：将需要送领导和有关单位的接待任务手册装入信封密封，并严格履行签收手续。

接待任务手册要用标准格式打印装订，字体、字号与版面相称，标题与相关信息排列组合纵横有序、稳重得体。遣词造句精练简洁，标点符号、文字表达准确规范，关键和重点信息，要通过变换字体或格式等恰当形式予以突出，起到醒目提示作用。

252. 接待手册分送的范围是什么

（1）按任务涉及单位和领导确定发送范围。

（2）一般情况下发送给本地陪同人员、来宾及工作人员、相关机构秘书长（或副秘书长）、相关机构办公厅（室）等。

（3）由专人第一时间发送到有关单位和领导，并履行签收手续。

（4）对考察点，一般只发函电通知有关接待事宜。

（5）本单位存档。

253. 接待方案与接待手册有何不同

公务接待方案签发后，除了正式文稿用于文件处理，为了方便携带和使用，根据惯例和要求，接待方案通常制作成手册形式。手册通常有两种形式：一种是主要供来宾使用的，如"工作安排""日程安排""接待安排"或"接待方案"等；一种是供接待工作人员使用的，如"接待工作实施细则""接待工作实施方案"等。接待方案与接待手册二者的核心内容是一致的、统一的。但是，接待手册的内容更为详细、具体、全面。如果作为一种公文写作处理的话，接待方案是例行程序、重在行文，接待手册则便于使用、重在落实。由于每次接待任务的对象不同、性质不同、任务主题不同、目的要求不同、时间长短不同，接待手册的内容与形式也不尽相同。接待手册主要有文本式、折页、单页等。文本式适用于大型或综合性的接待活动；折页、单页适用于小型单一的接待活动。

另外，接待方案又可分为电子版和纸质版。

254. 接待手册封面包括哪些要素

主要包括任务名称、任务起止时间、接待手册编号、密级和保密期限（等级任务）、落款等五要素。

255. 接待手册在使用名称上有哪些要求

目前，接待手册的名称名目繁多，如接待指南、接待安排、日程安排、行程安排、接待方案、工作安排、接待服务手册、接待工作手册、活动手册、活动安排等，这在一定程度上影响了接待工作的规范化。

接待手册的名称反映了接待任务的性质、工作要求和礼仪要求。它主要有以下几种情况：

（1）接待上级领导同志的接待手册，称为"工作安排"，如《×××领导同志在×视察工作安排》。

（2）接待兄弟省（自治区、直辖市）、市党政代表团的接待手册，称为"活动安排"，如《×××市党政代表团在×考察活动安排》。

（3）接待港澳台高访团的接待手册，称为"接待方案"，如《香港×××先生一行在×参访接待方案》。

（4）大型活动的接待手册，称为"活动方案"。

（5）一般接待任务的接待手册，称为"日程安排"。

256. 接待方案与接待实施细则有何区别

重要或大型任务除了制定接待方案，还要制定"接待实施细则"。"接待实施细则"是对接待方案内容的细化，是对本次任务统筹协调、接待流程、礼宾活动、职责范围、任务要求、环节细节、接待用品、人员分工的具体落实，往往也制作成手册的形式，如《××领导同志在×视察接待实施细则》。"接待实施细则"一般仅供有关领导和双方接待工作人员内部使用（亦可称为"工作手册"）；"接待安排手册"则是发给来宾使用的，其内容较为精练。

257. 接待手册的落款有何讲究

如×××接待办公室〔一般不以中共××省（市）委、××省（市）人民政府名称落款〕。如果有些地方未设"接待办公室"，则以"办公厅（室）"的名义落款，如中共××省（市）委办公厅（室）、××省（市）人民政府办公厅（室）。

258. 接待手册如何编号

通常是按任务的机构序列拼音字母＋数字进行编号。例如：

（1）SW2021001（市委）。

（2）ZF2021001（政府）。

（3）RD2021001（人大）。

（4）ZX2021001（政协）。

也可以"接待"拼音字母＋数字进行编号。例如：

（5）JD2021001（接待）。

259. 接待手册的加密有哪些要求

根据涉密程度分别标注"绝密""机密""秘密"和保密期限（密级位于手册封面右上方）。绝密用于一级警卫接待任务，主要接待对象为中央政治局常委；机密用于二级警卫接待任务，主要接待对象为中央政治局委员、中央书记处书记、国家副主席（正国级担任此职务时按正国级）、全国人大常委会副委员长、国务院副总理、国务委员；秘密用于三级警卫接待任务，主要接待对象为国家监察委员会主任、最高人民法院院长、最高人民检察院检察长、全国政协副主席、中央军委副主席、中央军委委员。凡涉密的接待手册封面、封底多为红色；一般接待手册多为浅黄色或其他颜色（以本地标志性建筑或自然风光为封面背景的，最好用于政务接待之外的公务接待活动，如招商引资等）。

260. 接待手册常用规格主要有哪两种

常用规格主要有以下两种：

（1）10 厘米×14.5 厘米。

（2）10 厘米×17.5 厘米或 9.5 厘米×17 厘米。

接待手册要装帧精良，设计科学，朴素大方，方便实用。

261. 接待手册目录的次序如何排列

例如：

一、××一行人员名单……………………（ ）

二、××省陪同人员名单……………………（ ）

三、××市陪同人员名单……………………（ ）

四、日程安排……………………………………（ ）

五、乘车安排……………………………………（ ）

262. 接待手册人员名单次序如何排列

例如：

一、××一行人员名单（××人）。

（一）陪同（随行）人员（××人）。

（二）工作人员（××人）。

（三）记者（××人）。

二、××省陪同人员名单。

三、××市陪同人员名单。

注：接待上级领导时，方案中地陪领导只称陪同人员，不称陪同领导；接待同级时，地陪领导称为陪同领导。

263. 怎样认识日程安排在接待任务中的重要性

日程安排是接待方案最为重要的部分，也是核心部分。日程安排包括整个活动的内容及流程，如时间地点、迎送陪同、会见会谈、工作汇报、工作餐叙、座谈交流、项目考察、路线设计、停车位置、活动衔接、统筹各方等。它是执行任务的路线图和活动指南，各项活动均要靠日程安排来穿插落实。科学的日程安排是整个接待任务顺利实施、圆满完成的重要保证。日程安排在形式上要做到简洁而不简单，内容上要务实而不务虚，节奏上要体现各级领导同志转变工作作风的新要求，文字表达要准确、规范。

264. 接待任务结束后的资料收集包括哪些内容

（1）任务前期准备阶段。如机要传真、值班报告、公函、任务批件、领导批示、人员名单、活动预案及要求、接待服务事项、接待方案（包括电子版和纸质版）等。

（2）任务实施阶段。如住宿安排、用餐安排（执行菜单、席位安排）、日程安排等。

（3）任务收尾阶段。如相关新闻报道（文字、图片）、来宾对本地的评价等。

在任务实施过程中，如果接待方案有调整变化（日程时间和内容变更、行程调整、考察点位增减、陪同领导调整等情况），接待人员应在任务结束后及时将接待方案进行补充完善，形成最终执行稿与接待清单一并存档。

265. 怎样编制每日接待工作流程及要求

每日接待工作流程及要求，是指根据接待方案、日程安排就每天不同的工作任务制定出不同的工作流程并提出相应的工作要求和注意事项的细化方案。例如：

××月××日接待工作流程及要求

一、负责人：××× ××××××××××

×××× ××××××××××

×××× ××××××××××

二、接待流程（略）

参见日程安排实施细则。

三、接待要求

指对当日接待任务不同的活动内容，提出相应的任务要求和注意事项。如视察点、考察点、参观点的要求，接待宾馆的要求，讲解员、服务员的要求，环境卫生、安全保卫、时间把握的要求等，并将每项工作任务落实到具体人员。

266. 接待方案常用词语有哪些

（1）词。

年、月、日、时、分、上午、下午。

早餐、午餐、晚餐、自助餐、工作餐、陪餐、宴会、宴请、乘（飞机、火车、汽车、船）、乘坐、抵、抵达、于、与、之后、行驶、航班、车次、在、从、离、离开、返、返回、返抵、赴、前往、迎接、送行、继续、莅临、下榻、午休、陪同、考察、调研、视察、座谈、会见、会谈、合影、签约、出席、工作交流、参观、访问、活动、介绍、日程安排、了解、项目、情况、参加、主持、讲话、致辞、住地、考察点、迎宾馆、宾馆、酒店等。

（2）短句。

从……乘（飞机、火车、汽车）前往……

抵达……机场，乘车前往……

抵达……，视察……

抵达……

返回……

前往……

在……迎接

乘（飞机、火车）抵达……机场，×××、×××等同志，于×时×分前抵达……机场迎接，之后乘车前往……

抵达……，在……出席……活动

视察……，了解……，与……活动

视察（考察）……项目，了解……情况

267. 接待方案写作的总体要求

接待方案制定与写作的总体要求，可以概括如下：

以时间节点为主线，以任务内容为主体，以接待流程为保障，以相关资料为支撑，体现领导意图，满足来宾要求，符合任务主题，操作具体可行。做到组织严密，任务明确，分工具体，要点突出，要素齐全，准确无误，安排科学，词语准确，简明扼要，结构完整，格式规范。只有这样，接待方案才能更好地发挥接待任务行动指南的作用。

一套科学的公务接待方案，不仅体现出制定者对公务接待方针政策的理解和把握，也反映出当地主要领导同志工作思路、工作方法、政策把握、接待艺术等方面的睿智。

268. 怎样做好涉密接待方案（手册）的保密工作

（1）严格控制发放范围。

（2）严格控制印刷份数。

（3）严格执行用后收缴（按规定做好登记、签收、传递、回收处理工作，在涉密接待方案印制过程中，不允许无关人员接触，接待手册的发放由专人负责，不准代签代领）。

（4）涉密电脑，严禁与外网（国际互联网）相连。

（5）严格涉密优盘的管理和保存。

（6）严禁用手机、微信、QQ 传递涉密信息和方案资料（非涉密接待活动也应谨慎使用）。

必须使用移动电话时，一律以代号称呼，并不得涉及核心内容。

（7）严格内部资料、内部信息管理。

另外，党和国家领导人出行日程、方案、住地、饮食习惯、身体状况、个人爱好均属于机密或秘密范围。等级任务（或不宜公开的重要任务）的保障工作通常均属于保密范围。

269. 接待方案写作的语言特点是什么

语言表述规范。用语庄重准确，严谨精练。接待方案属于工作部署，通常使用祈使句较多，即要做什么、怎么做等。如果是汇报工作，陈述句就多。接待方案不使用感叹句、疑问句，通常也不使用修辞手法（如拟人、比喻、夹叙夹议、用典、对比、抒情等）。接待方案不是讲稿，不需要感染力、号召力，但需要执行力。

270. 接待方案怎样体现针对性

针对性主要表现在两个方面：

其一，方案工作安排符合来宾考察意图、工作要求和有利于当地党委、政府重大决策部署，有针对性地推荐和选择考察点，做到项目选择、线路设计、现场组织、座谈交流、工作汇报、看望、合影等环节都要有针对性，防止"点"不对题，偏离考察主题，或者考察点已过时的情况发生。

其二，方案生活安排符合来宾生活习惯。不同的任务有不同的工作要求和生活要求，即便是相同的任务主题，由于人员结构的不同，在安排时也要有所区别，体现人文关怀，根据来宾的个性化需求，提供个性化定制服务。例如，年老体弱者不宜安排长时间步行的项目，心脏病患者不宜登高等。

所谓个性化定制服务，就是在接待服务中对待来宾要既有共性原则，又有个性服务；既有所同，又有所不同。相同的是工作规范、质量标准，不同的是量身定制、因人而异、因时而异、细节区别、差异化服务，在共性服务中体现个性。

271. 怎样认识接待方案的变更

原则上接待方案一经批准，就具有了行政刚性约束力和执行力，通常情况下任何单位和个人，均无权改变方案内容（包括行程）。如要变更方案内容，则应按程序办理。按程序办理就是不越级、不越位上报和擅自沟通。对于批准后的接待方案不能搞"选择性执行"，更不能打折扣、搞变通、"塞私货"。

272. 编制地方市级党政考察团赴外地考察活动工作手册，主要包括哪些内容

为了做好地方各级党政考察团赴外地考察学习的接待服务工作，通常接待部门都会根据本级党委、政府的要求制定较为详细的考察活动工作手册发给考察团成员，人手一册，作为考察活动工作指南。以市级党政考察团为例，考察活动工作手册大致包括以下主要内容：

一、考察须知

1. 按照考察团安排参加考察期间的各项活动。

2. 认真遵守考察团组织纪律、作息时间，有事请假。

3. 执行酒店、机场、考察（相关）单位的有关规定，注意人身、财产安全。

4. 注重仪容仪表、礼仪规范，男同志备白色短袖衬衫、领带，女同志备职业装（套装），并自备其他生活用品。

5. 携带身份证。

6. 在座谈、考察学习时关闭手机（或设置在振动状态）。

7. 集体乘车外出时，提前 10 分钟登车。（工作人员提前 15 分钟登车，驾驶员提前 20 分钟到岗）。

二、代表团成员名单（略）

三、工作人员（略）

四、前站人员（略）

五、考察内容（略）

六、日程安排（略）

七、出发及从机场（车站）返回乘车安排（略）

八、考察期间乘车安排（略）

九、人员分工

1. ×××、××× 负责考察团考察期间的总协调。

2. ××× 负责书记的工作联系和服务。

3. ××× 负责市长的工作联系和服务。

4. ××× 负责人大主任的工作联系和服务。

5. ××× 负责政协主席的工作联系和服务。

6. ××× 负责协调常委领导的工作联系和服务。

7. ××× 负责考察期间的工作联系、后勤保障、接待服务工作。

8. ×××、××× 负责安全保卫、车辆调配、管理使用。

9. ×××、×××、×××。

（1）负责与××、××、××、××、××、×× 等地的联系。

（2）负责考察项目的落实和日程安排。

（3）负责食宿、宴请和会议室的安排。

10. ×××、×××、×××。

（1）负责考察材料的收集、整理，起草考察报告。

（2）负责××、××、××、××、××、××等地出发前通知及行李收集、装车。

（3）负责在××、××乘飞机前的行李收集、托运，换登机牌。

11. ××× 负责考察期间的医疗保障等服务工作。

12. 媒体记者 按照分工做好考察期间的新闻报道工作。

十、考察团成员、工作人员联系电话及行李编号（略）

十一、考察活动领导小组（略）

十二、考察学习分组名单（略）

十三、考察要点（略）

十四、各城市（考察点）情况简介、党政主要领导同志简历（略）

十五、有关城市天气预报（略）

十六、联系人（略）

第十四部分

公务活动礼宾排名

273. 什么是礼宾排名

礼宾排名，又称礼宾次序或排名顺序，简称排序，是指在公务活动中按照规则和惯例对人员、机构（单位、部门）、事物进行的位次排列。

礼宾排名属于领导科学的范畴，是党委、政府的官方事务，涉及公务活动（包括礼宾活动、政务活动、商务活动、事务活动等）的各个领域和各个层面，贯穿于公务活动的全过程，如考察、调研、参观、会议、座谈、迎送、会见、会谈、陪同、宴请、合影、表彰、集会、剪彩、揭牌、奠基、节会、庆典、论坛、博览会、研讨会、纪念会、展会、运动会，以及日常工作等。

274. 礼宾排名在公务接待活动中的意义和作用是什么

礼宾排名是党和国家政治生活中的重要组成部分，是党政机关公务活动不可或缺的工作内容，是公务接待工作的重要依据，也是接待人员必须掌握的一门必修课。

礼宾排名是党和国家制度建设的一项重要内容，既有严肃的政治要求和规则标准，又有严格的礼仪规范和制度规定，历来为各级党政机关主要领导同志和从政人员所重视。凡党和国家举行的或经中央批准召开的具有全局性重大意义的会议和活动，无论编制与会人员名单的排名顺序，还是与会领导同志的席位安排，中央有关部门负责同志都会严格把关；凡省（自治区、直辖市）、市等重要活动和重要会议，当地党委、政府有关负责同志一定会亲自安排，不少情况下都是秘书长亲自审定，主要领导同志亲自过问。礼宾排名在公务活动中之所以如此重要，是因为礼宾排名在一定程度上形象、直观、具体地传递着相关人员在工作分工、身份地位、社会声望、责任轻重、资历深浅、礼宾待遇、机会优先等方面的信息和内在含义，利益攸关。如果出现礼宾排名错位、越位、不到位现象，重一点说，可能会影响党和政府的公信力，给社会发出错误的信息，轻一点说，可能会损害攸关方的利益（座位连着地位、身份，涉及尊严，影响情绪），所以务必慎之又慎。

排名决定顺序，位次决定位置。排名顺序一定要准确无误，人员定位一定要恰到好处（包括席位签、桌次签、椅签、地签等），做到礼宾精准排名，确保各方利益尊严最大化，达到有利于形成和维护政治秩序、工作秩序的目的。

礼宾排名的先后对于干部升迁或使用一般没有决定性作用，但对于席位安排而言则是原则性的依据。礼宾排名的作用和意义在于：一是党和政府政权建设的需要；二是确保公务活动有序进行的需要；三是依法依规接待的需要；四是礼宾排名显示的是荣誉，关乎的是形象；五是攸关各方利益的在先权；六是攸关国家地位和民族尊严。

公务活动排名次序问题绝非一般性的问题，尤其是涉及领导同志的排序，需要顶层设计，权威决策，制度规定。排好礼宾位次顺序，有利于明确其权利、责任和待遇，有利于体现公平公正，减少互相扯皮、矛盾。

275. 公务接待礼宾排名的主要依据是什么

国内公务活动礼宾排名是中国政治体制框架内的公务礼宾活动，是一项政治性、原则性和专业性很强的工作。其主要依据有以下几个方面：

（1）法规法律。依据党内法规、国家法律进行礼宾排名。

（2）组织决定。依据组织决定进行礼宾排名。

（3）活动需要。一事一议，根据不同情况进行不同的礼宾排名。

（4）上级或对方提供的礼宾排名顺序名单。

（5）惯例。

276. 国内公务活动中的政务接待礼宾排名与其他活动的礼宾排名有何区别

国内公务活动中的政务接待礼宾排名，最重要的就是讲政治规矩，其次才是工作艺术。而其他活动（如商务、展会、论坛等）礼宾排名，则可以相对更加务实灵活一些。在礼宾排名时，除了已有规定的不能更改的礼宾排名顺序，有时为了需要，可以将双方关系、紧密程度、重要程度、活动性质、利害关系等因素一并考虑，在礼宾排名中予以照顾优待。既讲常规惯例，又讲特殊要求；既要体现出平等，处理好组织者、参与者和上级机关或兄弟单位的关系，又要分清主次，有所侧重，还要考虑到后续发展。说到底，这些接待活动的礼宾排名次序和排列方式，最终还是由组织方本身的指导思想和需要决定的。但是，接待方不管采用哪一种礼宾排名规则，都应以适当的形式提前向接待对象进行必要的通报。

一般来讲，对涉外多边活动礼宾顺序，主办方拥有较大的自主权，使用什么样的规则和方法，达到什么样的效果，都会精心设计。为了体现平等，一次会议的每场活动（不同场合）通常都会采取不同的礼宾顺序，甚至同一场合采用组合式的礼宾顺序，以达到平衡兼顾。例如合影站位、开幕式站位、会议席位、宴会席位安排等活动。国内政务活动礼宾排名则是固定的。

277. 公务接待活动礼宾排名主要遵循哪些原则

公务接待活动礼宾排名所遵循的原则，主要有以下几种：

（1）职级高低原则，以职务级别排名为序。

（2）职能位次原则，以机构排名为序。

（3）上下级原则，以隶属关系排名为序。

（4）资历辈分原则，以资历深浅、高低为序。

（5）任职先后原则，以任职先后为序。

（6）行政区划原则，以行政区划排名为序。

（7）姓氏笔画原则，以姓氏笔画为序。

（8）票选原则，以得票多少为序。

（9）界别原则，以界别为序。

（10）字母原则，以字母顺序为序。

除了这些方法，在接待工作中往往还要遵循先来后到、宾客至上、敬老尊贤等原则。需要指出的是，有时规则是可以灵活掌握的，也可以根据需要制定新的规则。也就是说，既要讲究层级秩序，又要综合平衡，有时还要特殊考虑。在实际工作中，礼宾排名常常是几种方法交叉使用，并综合考虑其他因素。

278. 党政机构排序的一般规则是什么

机构排序的一般规则如下：

（1）机构级别高的在前，低的在后。如中央、国家机构在前，地方党委、政府机构在后；省级党委、政府在前，市级党委、政府在后。

（2）机构级别相同时，所在机构高者在前。如中央、国家部委在前，省（自治区、直辖市）在后；省直厅局在前，省辖市在后；市直局委在前，县（市、区）在后。

（3）同一机构、同一级别、不同部门，以机构序列内单位排名为序。

（4）不同机构、同一级别，按工作分工、任务责任关联程度排序。这种排序多用于专项工作：牵头（召集）单位在前，成员单位在后；主管单位在前，协同单位在后；主导单位在前，配合单位在后；主办单位在前，协办单位在后。（不同的工作需要，不同的场合，不同的角色，公务活动排名次序也就有所不同。）

（5）纵向排列顺序。机构按隶属关系或垂直层级关系，从上到下、从高到低依次排列，如中央、省、市、县、乡。

（6）横向排列顺序。相对独立、互不隶属、同一层级，是平行关系的机构排序。如党委系统、人大系统、政府系统、政协系统、军队系统，省与省之间的排列；市与市之间的排列，县与县之间的排列，各部委办局之间的排列等。需要强调的是，在我国，"党政军民学，东西南北中，党是领导一切的"。

（7）平级对平级。按"先宾后主""先外后内"或"先远后近"的顺序排列。客人在先，主人在后；外单位排前，本单位排后。如接待方案人员名单的排列。

279. 公务接待活动按职务级别排序的一般规则是什么

按职务级别排序时，需要考虑的要素很多，主要有机构序列、职务、级别、单位性质、隶属关系、资历深浅、政策规定、工作关系、工作分工、领导意图、活动主题等，以及这些要素的先后顺序和内在顺序。

按职务级别排名的一般规则如下：

（1）不同职务、同一级别按机构序列排名。排列顺序为党委职务、人大常委会职务、政府职务、政协职务、军队职务、群团职务、企事业职务。

（2）职务同级，任职上级机关者在前，任职下级机关者在后。例如同一职级的三位领导分别来自中央、省、市，在排序上中央第一、省第二、市第三。

（3）职务同级，领导职务在前，非领导职务在后。

（4）同一职务，现任领导在前，卸任领导在后；先退休者在前，后退休者在后。

（5）同一职务，先任者（资深者）在前，后任者排后。采用的是"先入为主""先来后到"的事理。目前，各级领导班子成员中的副职大都是按任职先后进行排序的。

（6）职务同级，按机构编制排名。先确定同级领导的部门位次，再根据部门位次排列先后。

（7）同职同级，按任职时间排序。任职早者在前，晚者在后。

（8）不同机构、不同职务，按职务级别高低排序。职务高者在前，低者在后。如省军区司令员在前，副省长在后；市政协主席在前，市人大副主任在后。

（9）不同机构（不同省、市）、同一级别，按机构序列排。如甲地市委副书记在前，乙地副市长在后；甲地市人大常委会副主任在前，乙地市政协副主席在后。

（10）同职同级同时任职按有关规定排序，无规定的按惯例排序。

（11）职务同级，按机构序列和工作分工分别排序。

（12）职务同级，届别前者优先（主要适用于人大、政协等）。

（13）有时上级机关参加活动的领导同志，职级低于某些下级机关领导同志，如督导组、巡视组、考核组、检查组、视察组、工作组、宣讲团、报告团以及宣布有关决定事宜的人员，由于他们代表上级机关，肩负使命，具有权威，所以在排序时一般都要将其调到前面。通常将其安排在当地主要领导的左手位（有时下级单位主要领导为了表达对上级机关的尊重，也有将其安排在中心、主持的位置）。如果是双方相对而坐，各坐一边，则上级机关位于上首位，下级机关位于下首位。

（14）实行党委领导下的××负责制的，党委书记在前，行政首长在后。

（15）实行行政首长负责制（法人负责制）的，行政首长在前，党委书记在后。如局长在前，书记在后。党务活动时，则党委书记在前，行政首长在后。

（16）领导机关领导在前，派出机构领导在后。即便是后者职务高于前者，也要排在前者之后。如某市副市长（副厅级）为市领导，而该市经济开发区主任（正厅级）就不一定是市领导，而是市（厅）级领导干部，这是有区别的。就机构性质来讲，一个是领导机关，一个是派出机构。

（17）主管部门领导在前，部（委、办、局）管理的同级单位（二级单位）领导在后。如市教育局副局长为副县级，市属某学校校长为正县级，在排序时副局长在前，校长在后。

（18）法定性安排（会议、活动）按规定排序。

280. 大型活动综合性名单礼宾次序如何操作

大型活动综合性名单在排序上，要根据职务、级别、资历、序列、机构、部门和单位，对全部人员按层级、分序列，进行若干次层级、序列分类、分项，即合并同类项。然后运用多种排序方法（往往是多种方法交叉使用）进行组合排列，确定各自位次。

排序步骤：

第一，合并同类项，根据职务、级别、资历、机构、部门和单位进行若干次层级、序列分类和分项。

第二，运用相关排序方法（往往是多种方法交叉使用）进行组合排列，最后确定各自位次。

常用方法：

方法一：分职务。以职务高低为主线，职务级别由高到低，按职级高低排序（第一选项）。

方法二：分类别。机构、部门由中央到地方，先上级机关，后下级机关，按上下关系排序（第二选项）。

方法三：分序列。同级机构，排列次序是党委、人大、政府、政协、军队，按机构序列分别排序（第三选项）。

方法四：分层级。同级职务，按机构序列排序；同级职务，同一机构按部门位次排序；同级职务，按先上级机构后下级机构的隶属关系排序（第四选项）。

方法五：身兼两职以上者，按最高职务。

方法六：根据工作分工和关联程度。

方法七：职级一样，按照资历（先入为主）。

方法八：同级部门（单位）、同一序列，按部门（单位）性质排序。如政府序列的先后次序为国务院组成部门、直属特设机构、直属机构、办事机构、直属事业单位、部委管理的局、议事协调机构、社会团体等。

方法九：职务同级，现任者在前，离任者在后（离任领导的排序可参考现职）。

方法十：根据工作分工和关联程度。

方法十一：按行政区划排序。

（有时会使用电脑软件排座。根据程序设计，软件系统自动为来宾安排席位，只排到桌，不排到位，自由落座。需要注意的是，主宾席或重要来宾是不能交给电脑软件排的，而必须亲自排座。）

281. 如何理解公务接待活动按姓氏笔画排名

以姓氏笔画为序，常用于委员制机构和选举活动，以及党代会、人大会、政协会等会议代表的排序。如中共中央政治局会议的席位安排，按惯例中共中央政治局常委就座于主席台，而其他委员按姓氏笔画顺序在主席台下面的会场就座。笔画少的在前，多的在后。第一个字相同，排第二个字，第二个字也相同则排第三个字，如果都相同，则采取其他办法，以分出先后。

在一些重要机构和活动中，由于组成人员或出席人员在某种情况下和有些场合不宜按职务排序，因而也采用此种排序方法。如中央政治局委员的排名就是以姓氏笔画为序的。在排序中姓氏笔画是一个非常重要的因素，但不是唯一的因素。职务是排名的主要依据，但不是唯一的依据。排名的先后，主要看情况，看工作需要。

282. 按字母排名常用于哪些活动场合

按字母排名常用于国际会议或国际赛事。按国际惯例，在涉外活动中，由于出席者身份、职务相等或相当，礼宾排名较多地按照参加国国名字母顺序排列。不同的场合可以根据需要选择不同的文字字母。如英文字母、汉语拼音字母等。若其名称的首位字母相同，则可依据其第二位字母的先后顺序进行排列，以此类推。为了体现公平，每场活动都有不同的礼宾顺序，包括领导人合影、开幕式的站位、会议的席位安排等，这是为了避免按某一固定排序方式，导致一些与会领导人总排在后边或旁边。同时，也是为了与会领导人有更多的机会接触更多的人进行交流。

国际赛事开幕式，各国代表团的出场顺序，通常也是按照其国名字母顺序排列的，但东道国的代表团出于礼让，按惯例是最后一个出场。

按字母顺序排列，一般不用于个人礼宾排名，而多用于多边活动中的国名和团体名。个人礼宾排名主要适用于单边或双边活动，排名顺序按职务身份高低排列。

283. 涉外活动礼宾次序排列方法常用的主要有哪几种

我国在涉外活动中的礼宾次序排列方法常用的主要有以下三种：

（1）按身份与职务的高低排列。

这是礼宾次序排列的主要依据。一般的官方活动，经常按照身份与职务的高低安排礼宾次序。

（2）按字母顺序排列。

多边活动中的礼宾次序有时按参加国国名字母顺序排列，一般以英文字母排列居多，也有按其他语种字母顺序排列的情况。这种排列方法多见于国际会议、体育比赛等团组。

（3）按参加人任职时间先后排列。

多国外宾出席的活动，有时可按参加人任职时间先后排列礼宾次序。

在多边活动中，通常会综合多种因素进行考量，以确定礼宾次序。

国际会议礼宾排序往往采取"双语"原则（如英语＋汉语），好处是遇到棘手排序，可以随时切换。

284. 国家政府与国际组织之间在多边活动中如何排序

有些国际活动既有国家政府的代表团参加，也有国际组织的代表团参加，他们之间如何排序？

一般情况下，通常是先国家后国际组织，国家通常按国名字母（或按笔画多少）排序。（现实中，在欧洲联盟的要求下，欧盟按"E"排于国家之中。）国际组织中，先世界性的组织，如联合国，后地区性的；先政治类的组织，后其他类组织（排序可参照《世界知识年鉴》中有关国际组织的排序）。

谁主办谁靠前。国际组织如果涉及主、客因素，其排序则先主后客。

285. 悬挂和使用中国国旗的礼仪要求有哪些

国旗是国家的一种标志，是国家的象征。

公务活动中悬挂和使用国旗主要在国家机关、国事活动（迎送仪式、欢送宴会、正式会谈、签字仪式等）、国际会议、国际会展、国际赛事、国际合作（项目奠基、开工、落成、开业）等场合，另外还有车辆悬挂（主车）、升挂或置放中国国旗和来访国国旗。

悬挂和使用中国国旗时要注意下列礼宾次序或礼仪要求：

（1）升挂国旗应将中国国旗置于显著的位置。中国国旗与其他旗帜同时升挂时，应将中国国旗置于中心较高或者突出的位置。

（2）在列队行进时，中国国旗应当在其他旗帜之前。

（3）各国国旗并挂时，各国国旗的面积应大体相等，高度应一致。升挂时必须先升挂中国国旗，降落时最后降中国国旗。

（4）一列并排时，以旗面面向观众为准，中国国旗在最右方。

（5）单行排列时，中国国旗在最前面。

（6）弧形或从中间往两旁排列时，中国国旗在中心。

（7）圆形排列时，中国国旗在主席台（或主入口）对面的中心位置。

（8）中华人民共和国国旗与中国共产党党旗并列时，党旗居左，国旗居右。

（9）在中国境内举办双边活动需要悬挂中国和外国国旗时（包括联合国旗帜），凡中方主办的活动，外国国旗置于上首；对方举办的活动，则中国国旗置于上首。

（10）根据《国务院关于在香港特别行政区同时升挂使用国旗区旗的规定》，凡国旗和区旗同时升挂和使用时，应将国旗置于中心、较高或者突出的位置；凡国旗和区旗同时或者并列升挂和使用时，国旗应当大于区旗，国旗在右，区旗在左；列队举持国旗和区旗行进时，国旗应当在区旗之前。

（11）如在建筑物门前（如宾馆、机场、场馆等）悬挂国旗，其方法如下：面向旗杆，背向主体建筑物，右方为客方国旗，左方为主方国旗。

附

悬挂国旗旗位图示举例

（1）两面国旗并挂。

①主方举办活动。如图 14 - 1 所示。

（右）　　　　　　　　　　　（左）

客　方　　　　　主　方

图 14 - 1

②客方举办活动。如图 14 - 2 所示。

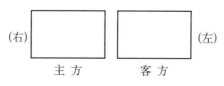

（右）　　　　　　　　　　　（左）

主　方　　　　　客　方

图 14 - 2

（2）三面国旗并挂。如图 14-3 所示。

图 14-3

（3）多面国旗一列并挂。如图 14-4 所示。

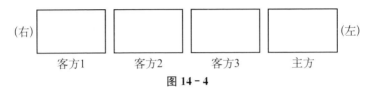

图 14-4

注：多面国旗并列，应遵循"主左客右"原则，主方应在图的最左（最后）位置，其他按礼宾顺序先后排列。如系国际会议，无主、客之分，则按会议规定的礼宾顺序排列。

（4）多面国旗弧形排列。如图 14-5 所示。

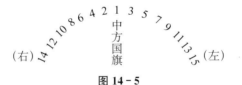

图 14-5

注：数字代表国旗的位置。

（6）交叉悬挂。如图 14-6 所示。

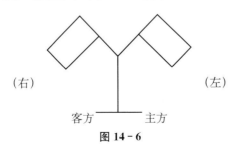

图 14-6

286. 礼宾活动中退休公职人员的位次排序一般如何排列

我国的现行做法是，一般是按照以前担任公职的最高职务的下一个等级排序。如一位正部长退休后，按副部长对待，排在现职副部长之后，副部级官员或部长助理之前。其他级别的退休官员亦可按此类推。又如地方省级老同志在参加公务活动时的排名，一般排在现任省级领导之后。但担任过省主要领导的老同志在席位座次安排时通常会适当往前安排，以示尊重。

287. 省辖地级市市直机关和县（市、区）负责同志参加公务活动时，一般如何排序

一般遵循下列排序原则：

（1）副市（厅）以上领导干部。

（2）市委常务副秘书长（通常市委秘书长由市委常委兼任），市人大常委会、市政府、市政协秘书长。

（3）各县（市、区）党委主要负责同志。

（4）市委、市人大常委会、市政府、市政协副秘书长。

（5）市委各部委由市委常委担任正职的部门常务副职。

（6）各县（市、区）政府主要负责同志，各县（市、区）人大主要负责同志，各县（市、区）政协主要负责同志。

（7）市委、市人大常委会、市政府、市政协办公厅领导班子。

（8）纪委副书记、市纪委监委领导班子。

（9）市委各部委由市委常委担任正职的部门领导班子。

（10）市委巡察办主任、市委巡察组组长。

（11）市人大常委会、市政协各工作（专门）委员会主要负责同志。

（12）中央、省新闻单位驻本市记者站站长。

（13）市直机关各单位党政主要负责同志。

（14）市属新闻单位主要负责同志。

第十五部分
公务接待管理

288. 什么是公务接待

公务接待是指国内党政机关之间，按照政策规定，运用公共资源，为接待对象进行公务活动时而提供的礼宾接待与服务保障行为。

公务接待范围，包括出席会议、考察调研、执行任务、学习交流、检查指导、请示汇报工作、区域合作、处理突发事件和自然灾害等公务活动时的礼宾接待和服务保障等项工作。

国内公务接待主要指内事接待（内宾接待），在对象上有别于涉外接待。但是，严格意义上的国内公务接待也包括涉外接待、涉港澳台接待，以及商务接待、会议接待等公务活动。也就是说，凡是发生在我国党政机关、国有企事业单位、人民团体等的公务接待活动，均属于国内公务接待范畴。

289. 国内公务接待应当坚持的原则是什么

公务接待的原则：坚持有利公务、务实节俭、严格标准、简化礼仪、高效透明、尊重少数民族风俗习惯和各种宗教信仰。除了上述原则，还应遵守依法依规和严守秘密（等级任务）的原则。

290. 公务接待主要包括哪些类别

公务接待主要包括以下几类（有的有交叉）：政务接待、商务接待、会议接待、涉外接待、涉港澳台接待、涉侨接待、涉民族宗教接待等其他公务接待活动，并实行分级分类管理。

291. 公务接待部门受理接待任务的主要依据是什么

公务接待的主要依据包括以下几点：

第一，党委、政府领导对接待任务的批件及指示精神。

第二，上级机关、兄弟省市或有关部门发来的公函。包括函电、值班报告等。

第三，正式会议通知、会议纪要、公务邀请函、活动请示批示件等。

第四，领导交办的公务接待任务（临时、紧急、突发特殊情况下的公务接待任务，要做好相关记录，并按程序完善相应手续）。

第五，《党政机关国内公务接待管理规定》以及其他国内公务接待的法律法规和制度规定。

292. 如何理解"依法依规"公务接待

严格按照《党政机关厉行节约反对浪费条例》《党政机关国内公务接待管理规定》等党的法规和行政法规，规范公务接待工作行为，用制度管人，按规定办事，体现依法行政、依法接待的中央精神，严禁接待工作中出现与中央精神相悖的活动内容，切实做到有所为、有所不为。

接待主管部门只有依法接待、依规接待，才能体现公务接待的政治本色和管理公务接待活动的权威性。

293. 如何理解公务接待要"有利公务"

有利公务是公务接待活动的一项重要原则。在接待活动中，有利公务是指安排的活动场所、活动项目和活动方式要有利于公务活动的开展。既坚持原则，又科学筹划、讲究方法，为来宾执行公务、完成任务提供符合任务活动主题、热情周到的生活、休息和工作条件。

294. 如何理解公务接待要"务实节俭"

务实节俭既是生活要求又是工作要求，贯穿于接待工作的全过程。（务实节俭，不只是食物，还包括能源、资源、时间、质量、效率，以及人力、物力、财力、精力等方面。）

公务接待工作要紧紧围绕接待任务的主题，按照务实节俭的原则做好礼宾接待的服务工作，时时体现务实，处处彰显节俭。如在领导同志考察调研活动中，要根据领导同志的工作意图和工作要求，有针对性地推荐和选择考察点、调研点，项目选择、路线设计、现场组织、座谈交流、工作汇报、看望、合影等环节都要讲究科学高效、务实节俭。尤其是在选择考察点、调研点上要特别注意指导性、代表性和典型性，防止"点"不对题，偏离考察调研主题，或者考察调研点已过时的情况，充分考虑到考察调研点项目可能产生的舆论导向和社会影响，力戒形式主义，严禁弄虚作假。现场安排要接地气、零距离，多安排基层群众代表、专业技术人员与领导同志接触、交流，汇报工作要实事求是，以便于领导同志和来宾全面了解实际情况。

接待工作既要讲究时间和效率，又要注重成本和效果，还要考量接待质量和接待效益。

295. 如何理解公务接待要"严格标准"

公务接待支出是行政运行成本的重要组成部分。

公务接待不得超标准，不得组织旅游和与公务活动无关的参观，不得组织到营业性娱乐、健身场所活动，不得安排专场文艺演出，不得以任何名义赠送礼金、有价证券、纪念品和土特产品，工作餐不得提供鱼翅、燕窝等高档菜肴和用野生保护动物制作的菜肴，不得提供香烟和高档酒水，不得使用私人会所、高消费餐饮场所。房间不得配鲜花、水果，以及额外配发的洗漱用品。厉行节约，降低公务接待成本，优质、高效、科学地使用"公共接待资源"。

296. 公务接待活动如何做好"简化礼仪"

"简化礼仪"是公务接待活动的重要原则。公务接待要严格执行中央关于公务活动陪同、迎送、车辆等礼仪规定，根据不同层级的接待对象合理安排迎送、陪同人员和会议活动。从实际出发，精简非必要环节、活动和人员等。

简化礼仪是要简化接待中与时代发展不相适应的、落后的、腐朽的繁文缛节、陈规陋习、铺张浪费等接待程序、接待方式和接待行为，如迎送、陪同、陪餐、住房、乘车等活动中超规格、超范围、超标准接待的情况。

简化礼仪是一个扬弃的过程，既抛弃删除，又传承保留、创新发展。如"宾至如归"的服务宗旨、"以人为本"的接待理念、"接待无小事"的工作态度、"吃苦耐劳"的奉献精神，以及行之有效的工作方法，如方案制定、手册制作、席位安排、桌签摆放、必备用品和礼宾服务等优良传统不但不应该简化，反而需要发扬光大。简化礼仪既要贯彻中央精神不折不扣、不走样、不打擦边球，又要保证接待服务水平不降低；既要从简，又要做细，将个性化服务在合规范围内用心做好，确保礼仪不失，特色不减。

297. 公务接待活动如何做好"高效透明"

公务接待既是党务工作，又是政务工作，党务政务公开与保守党和国家秘密都是党的重要工作。该公开的及时公开，该保密的坚决保密。做到以公开为原则，以不公开为例外。

高效透明是规范公务接待的重要环节。公务活动结束后，接待单位应当如实填写接待清单，并由相关负责人审签。接待清单包括接待对象的单位、姓名、职务，各公务活动的项目、时间、场所、费用等内容。按年度公开本级国内公务接待有关情况，接受社会监督。公开的内容包括：

（1）国内公务接待规章制度。

（2）国内公务接待标准执行情况。

（3）国内公务接待经费支出情况。

（4）机关内部接待场所名称。

（5）国内公务接待项目。

298. 公务接待"尊重少数民族风俗习惯"主要表现在哪些方面

尊重少数民族风俗习惯，是党和国家民族政策的重要组成部分，是公务礼宾接待工作的重要原则。

尊重少数民族风俗习惯在公务接待中主要表现在食宿、迎送、娱乐、服饰，以及民族礼节、宗教信仰等方面。

299. 公务活动礼品馈赠有何规定

国内公务活动不得以任何名义赠送和接受礼金、有价证券、纪念品和土特产品等。

依据政策规定，参照国际惯例和对外工作需要，在对外公务活动交往中必要时可以赠送具有地方民族特色的纪念品、传统手工艺品和实用物品。选择和赠送的礼品，一是相称，二是相宜，三是宜早不宜迟。

在对外公务活动中接受的礼物，应当妥善处理。价值按我国市价折合人民币 200 元以上的，自接受之日起（在国外接受礼物的，自回国之日起）一个月内填写礼品申报单将应上缴的礼物上缴礼品管理部门或受礼人所在单位；不满 200 元的，归受礼人本人或受礼人所在单位。在对外公务活动中，对方赠送礼金、有价证券时，应当予以谢绝；确实难以谢绝的，所有礼金、有价证券必须一律上缴国库。在对外公务活动中，不得私下接受礼品，不得以明示或者暗示方式索取礼品。

300. 公务接待迎送、陪同有哪些禁止性规定

公务接待工作要严格按规定、按规格、按标准安排公务活动接待事宜。

国内公务接待不得在机场、车站、码头和辖区边界组织迎送活动，不得跨地区迎送，不得张贴悬挂标语横

幅，不得安排群众迎送，不得铺设迎宾地毯；地区、部门主要负责人不得参加迎送。

严格控制陪同人数，不得层层多人陪同。

严格按照有关规定使用警车，不得违反规定实行交通管控。

301. 公务接待陪餐有哪些禁止性规定

确因工作需要，接待单位可以安排工作餐一次，并严格控制陪餐人数。接待对象在 10 人以内的，陪餐人数不得超过 3 人；超过 10 人的，不得超过接待对象人数的三分之一。

工作餐不得提供鱼翅、燕窝等高档菜肴和用野生保护动物制作的菜肴，不得提供香烟和高档酒水，不得使用私人会所、高消费餐饮场所。

302. 公务接待经费支出有哪些禁止性规定

禁止在接待费中列支应当由接待对象承担的差旅、会议、培训等费用，禁止以举办会议、培训为名列支、转移、隐匿接待费开支；禁止向下级单位及其他单位、企业、个人转嫁接待费用；禁止在非税收入中坐支接待费用；禁止借公务接待名义列支其他支出。

严禁扩大接待范围、增加接待项目，严禁以招商引资为名变相安排公务接待。

接待单位应当严格控制国内公务接待范围，不得用公款报销或者支付应由个人负担的费用。

国家工作人员不得要求将休假、探亲、旅游等活动纳入国内公务接待范围。

接待单位不得超标准安排接待住房，不得额外配发
洗漱用品。

303. 如何管理和使用公务接待经费

（1）接待费管理。

各级党政机关应当加强对国内公务接待经费的预算
管理，合理限定接待费预算总额。公务接待费用应当全
部纳入预算管理，单独列示。

国内公务接待经费实行的是属地管理，由各级财政
部门统筹安排。

（2）接待费报销。

报销凭证应当包括财务票据、派出单位公函和接待
清单。

派出单位公函应包括公务活动内容、行程和人员。

接待清单包括接待对象的单位、姓名、职务和公
务活动项目、时间、场所、费用及接待人员费用等
内容。

接待单位应当如实填写接待清单，并由相关负责人
审签。

（3）接待费支付。

接待费资金支付应当严格按照国库集中支付制度
和公务卡管理有关规定执行。具备条件的地方应当采
用银行转账或者公务卡方式结算，不得以现金方式
支付。

304. 公务接待参观、娱乐有哪些禁止性规定

接待单位不得组织旅游和与公务活动无关的参观，不得组织到营业性娱乐、健身场所活动，不得安排专场文艺演出等。

305. 公务接待活动会议室费用如何列支

本级公务接待活动需要使用会议室时，原则上由本级接待部门根据会议规模安排会议室。会议地点应尽量安排在党政机关内部已有会议场地，减少不必要的开支。

306. 如何统计公务接待任务量

（1）统计范围：凡经本部门（本单位）接待安排（参与接待）的接待任务和活动均在统计之列。

（2）统计内容：分职务层级、分公务类别、分支出项目等进行统计。

（3）统计方法：一是单一统计法，即按每一批次/人数统计，不计算天数；二是累加统计法，即单批接待任务＋天/人次＝总人次。例如，一个 16 人的考察团，在本地活动了 2 天。统计时则为一批任务，2 天，32 人次。

307. 公务接待清单主要包括哪些内容

公务活动结束后，接待单位应当如实填写接待清单，并由接待人员、接待处长、主管接待领导和财务人员审签。接待清单包括接待对象的单位、姓名、职务、来宾人数、陪同人数和公务活动项目、时间、场所、费用等内容。

国内公务接待清单参考图

来函单位			经办人	
主要来宾姓名、职务			公务类型	
时　间	20　　年　　月　　日—　　月　　日			
公务活动项目、场所				
来宾人数	陪同人数			合计
工作餐费	车费	会议室费	陪同及工作人员费用	其他费用	合计
接待人员签字				
接待处长签字				
主管接待领导签字				
财务人员签字				
其他事项				

308. "因招商引资等工作需要"而进行的公务接待如何管理

地方各级政府因招商引资等工作需要，接待除国家工作人员以外的其他因公来访人员，应当参照相关规定实行单独管理，明确标准，控制经费总额，注重实际效益，加强审批管理，强化审计监督，杜绝奢侈浪费。严禁扩大接待范围、增加接待项目，严禁以招商引资为名变相安排公务接待。

309. 中共十九届五中全会办会原则是什么

中共十九届五中全会坚持"简朴、节约、安全、高效"的办会原则。

310. 中央和国家机关国内会议是如何分类的

一类会议，是以党中央和国务院名义召开的，要求省、自治区、直辖市、计划单列市或中央部门负责同志参加的会议。

二类会议，是党中央和国务院各部委、各直属机构，最高人民法院，最高人民检察院，各人民团体召开的，要求省、自治区、直辖市、计划单列市有关厅（局）或本系统、直属机构负责同志参加的会议。

三类会议，是党中央和国务院各部委、各直属机构，最高人民法院，最高人民检察院，各人民团体及其所属内设机构召开的，要求省、自治区、直辖市、计划单列市有关厅（局）或本系统机构有关人员参加的会议。

四类会议，是指除上述一、二、三类会议以外的其他业务性会议，包括小型研讨会、座谈会、评审会等。

311. 中央和国家机关举办国内会议审批程序及要求是怎样的

中央和国家机关会议按以下程序和要求进行审批：

一类会议，应当由主办单位报经党中央和国务院批准。会议总务、经费预算及费用结算等工作分别由中共中央直属机关事务管理局（以下简称中直管理局）和国家机关事务管理局（以下简称国管局）负责。

二类会议，党中央和国务院各部委、各直属机构，各人民团体应当于每年 12 月底前，将下一年度会议计划（包括会议名称、召开的理由、主要内容、时间地点、代表人数、工作人员数、所需经费及列支渠道等）送财政部审核会签，按程序经中央办公厅、国务院办公厅审核后报批。各单位召开二类会议原则上每年不超过 1 次。

三类会议，各单位应当建立会议计划编报和审批制度，年度会议计划（包括会议数量、会议名称、召开的理由、主要内容、时间地点、代表人数、工作人员数、所需经费及列支渠道等）经单位领导办公会或党组（党委）会审批后执行。

四类会议，由单位分管领导审核后列入单位年度会议计划。年度会议计划一经批准，原则上不得调整。对党中央、国务院交办等确需临时增加的会议，按规定程序报批。

一类会议会期按照批准文件，根据工作需要从严控制；二、三、四类会议会期均不得超过 2 天；传达、布置类会议会期不得超过 1 天。

会议报到和离开时间，一、二、三类会议合计不得超过 2 天，四类会议合计不得超过 1 天。

312. 地方党政机关公务接待工作通常是如何分工的

以市级公务接待工作为例，一般作以下分工：

第一，市公务接待主管部门负责接待：党和国家领导人；中共中央、全国人大常委会、国务院、全国政协、各部委副部级以上领导；各省（自治区、直辖市）党委、人大常委会、政府、政协副市级（含秘书长）以上领导；本市承办的全国性、区域性会议以及大型活动的重要来宾；省级以上派出的综合工作组、巡视组等。协助市直机关各单位接待来本地的中央、国务院各部委司（局）级领导。

负责制定相关接待方案。

负责制定接待工作规范、程序、制度、办法。

负责协调公安、机场、车站、港口、卫生、新闻和考察点等部门。

负责做好党政代表团外出考察学习接待服务工作。

负责管理本级党政机关国内公务接待工作，指导下级党政机关国内公务接待工作。

负责监督检查本级党政机关各部门和下级党政机关国内公务接待工作。

第二，市委办公厅、市人大常委会办公厅、市政府办公厅、市政协办公厅负责对口接待：中共中央、全国人大常委会、国务院、全国政协机关处级领导及以下来宾；各省（自治区、直辖市）党委、人大常委会、政府、政协机关副秘书长，人大常委会、政协机关委（厅、室）主任及以下来宾；兄弟城市副秘书长及以下来宾。

第三，市直机关各单位负责对口接待中央、国务院各部委司（局）级领导，各省省直厅（局）领导及以下来宾，兄弟城市对口部门领导及以下来宾。

第四，市委宣传部、市公安局、市卫生局负责公务接待中的新闻报道、安全保卫、交通保障、医疗保健、食品卫生等工作。

第五，驻地部队接待军级以上领导需要配合的，由市公务接待主管部门予以协助。

其他来宾按照对口接待原则进行接待。

313. 地方党政机关公务接待报批程序和主要内容是什么

公务接待须按程序报领导审批。以市级公务接待工作为例，具体工作包括以下内容：

第一，市委、市人大常委会、市政府、市政协办公厅要及时将经市领导（秘书长）批示的接待任务批件通知有关接待单位。

第二，接待单位依据领导批示，负责制定接待方案。接待方案应包括来访领导及成员名单、参加接待的领导和工作人员名单、日程安排、住宿安排、餐饮安排、车辆交通安排等内容，报请有关领导审定后组织实施。接待方案一经批准，一般不得随意变动。

第三，副部（省）级以上领导的接待方案，由市委秘书长负责签批，并协调市领导及有关部门负责人参与有关公务接待活动。接待方案由市公务接待主管部门根据市委秘书长协调的意见拟定。属市公务接待主管部门接待范围的其他领导的接待方案，由市委、市人大常委会、市政府、市政协秘书长签批，并协调市领导及有关部门参与公务接待活动。

第四，属市公务接待主管部门接待范围的接待活动，需要市委领导或市两套班子以上市领导参与接待的，由主办办公厅（室）商请市委办公厅（室）协调安排，接待方案由市委秘书长和主办机关秘书长负责签批。

第五，属市委、市人大常委会、市政府、市政协办公厅（室）及市直机关各单位对口接待范围的客人，接待方案由各办公厅（室）及市直机关各单位制定并组织实施。

第六，市领导交办的公务接待任务，由市公务接待主管部门负责通知有关县（市、区）和接待部门，各县（市、区）和接待部门要严格按通知要求落实具体事项。

第七，各县（市、区），市直各部门不得擅自邀请中央、省领导（含离任）出席由本地本部门组织的有关活动。确需邀请的，必须按照中央、省委、市委的有关规定报批。

第八，下列情况不予审批：

（1）不属于接待范围的活动，不予公务接待。

（2）无公函的公务活动和来访人员，不予公务接待。

（3）未经审批的节庆、论坛、展会、赛会等大型活动，或未纳入活动方案的人员，不予公务接待。

314. 如何办理党政机关公务活动礼宾接待邀请事宜

举行公务活动，确需邀请中央和兄弟省（自治区、直辖市）单位参加的，应按规定经审批同意后办理。以省级公务活动邀请为例：

（1）邀请中央领导同志来本省出席会议等会务活动，原则上应提前4个月报省委、省政府审批，经批准后由省委负责邀请。

（2）邀请中央部门和兄弟省（自治区、直辖市）来本地出席会议等公务活动，一般提前1个月报省委、省政府审批，经批准后由主办单位负责邀请。

（3）报送邀请中央领导同志以及中央部门和兄弟省（自治区、直辖市）领导同志的请示，应列明活动具体时间、地点、主题、人员范围、程序以及新闻报道安排建议等事项。

（4）举行节庆、论坛、展会、赛会等大型活动，需要邀请中央部门和兄弟省（自治区、直辖市）代表参加的，应在活动方案中明确接待要求和接待经费来源，并按程序报批。

315. 党政机关公务接待工作领导机制是怎样运作的

习近平总书记指出："党政军民学，东西南北中，党是领导一切的，是最高的政治领导力量。"

国内公务接待工作实行党管接待的原则，即"党委统一领导，党政协同安排，任务集中管理，工作分级负责，函电归口通知，活动对口接待，'四大班子'秘书长指挥，接待主管部门牵头，相关部门配合，上下左右联动，接待资源共享，各方优势互补，全局一盘棋"的工作机制。建立各司其职，各负其责，运转协调，高效有序，与中央精神相一致，与公务接待任务和职能相适应，与本地区经济发展、社会进步相协调的公务接待管理体制，是做好国内公务接待工作的机制保障。（例如，为了加强对接待工作的领导，统筹协调各方力量，整合接待资源，某市专门成立全市公务接待领导小组，市委秘书长为组长，人大、政府、政协秘书长为副组长，成员包括接待、公安、警卫、民航、铁路、高速公路、新闻、医疗卫生、食品检疫等多个单位主要领导同志。领导小组下设办公室，办公室设在接待办。）

国内公务接待由党委、政府办公厅（室）负责统筹。各地根据工作需要，因地制宜专设、分设或合署设立接待机构具体实施。〔就目前国内市级公务接待部门的现状来看，有的是单独设立，如中共××市委、市人民政府接待办公室，××市接待办公室，××市接待服务中心；有的是分设，作为党政机关内设机构，如中共××市委办公厅（室）接待处、××市人民政府办公厅（室）接待处；有的是将此项工作划入机关事务管理局；等等。《关于分类推进事业单位改革的指导意见》明确，对完全承担行政职能的事业单位，可调整为相关行政机关的内设机构，确需单独设置行政机构的，要按照精简效能原则设置。〕

316. 内宾接待是如何划分层级的

（1）一级任务接待对象：中央政治局常委及曾经担

任该职务的老同志。（最严措施、最高标准、最细服务、最强保障。）

（2）二级任务接待对象：中央政治局委员、书记处书记、国家副主席、全国人大常委会副委员长、国务委员、国家监察委员会主任、最高人民法院院长、最高人民检察院检察长、全国政协副主席、中央军委副主席、中央军委委员以及曾经担任上述职务的老同志。

（3）省（部）级任务接待对象：中央国家部委和省（自治区、直辖市）的省（部）级领导。

（4）地（司、厅）级任务接待对象：中央国家部委、省（自治区、直辖市）和地市（州、盟）的地（司、厅）级领导。

（5）县（处）、科级任务接待对象：中央国家部委、省（自治区、直辖市）和地市（州、盟）、县（市、区、旗）的县（处）、科级领导。

（6）各类党政代表团，巡视、督导、调研、考察、检查等工作组人员。

不同层级的接待部门有不同的任务接待对象范围。

317. 怎样理解党政机关接待部门之间没有实行"上下垂直领导"关系

1951年4月，中共中央办公厅和政务院秘书厅在北京召开了全国秘书长会议，讨论通过了《关于各级政府机关秘书长和不设秘书长的办公厅主任的工作任务和秘书工作机构的决定》（下称《决定》）。《决定》指出，秘书长和办公厅主任的工作性质是"既要参与政务又要掌管事务"。1958年3月，国务院在北京召开全国交际接待工作会议，陈毅副总理和习仲勋秘书长出席会议并讲话。这次会议对建立全国交际接待领导体制问题进行了进一步的明确。会议指出，各地方交际接待部门要在当地秘书长统一领导下进行工作，不宜形成上下对口关系，国管局交际处可与各省市交际接待部门建立业务联系。

接待工作是党政机关日常工作的一个重要组成部分，直接为领导机关和领导工作服务。"属地领导管理"这个特点，决定了接待工作只直接对其所属领导机关负责，只直接受所属机关的领导。接待工作部门不可能在全国组成一个由上而下的独立系统实行垂直领导。但是，这并不妨碍建立自上而下的工作关系。2013年12月，中共中央办公厅、国务院办公厅发布的《党政机关国内公务接待管理规定》指出："县级以上党政机关公务接待管理部门负责管理本级党政机关国内公务接待工作，指导下级党政机关国内公务接待工作。""县级以上党政机关公务接待管理部门应当会同有关部门加强对本级党政机关各部门和下级党政机关国内公务接待工作的监督检查。"并规定了监督检查的主要内容。可以看出，《规定》明确了上级机关公务接待管理部门与下级机关公务接待管理部门的工作关系是指导与被指导、监督检查与被监督检查的关系，而非直接领导关系。对接待工作的领导，最根本的、最直接的、最经常的还是由所属的机关进行。

从全国范围情况来看，无论过去还是现在，各地公务接待工作都是由党政机关秘书长（或办公厅主任）直接负责。

318. 公务接待管理部门行使哪些行政管理职能

《党政机关国内公务接待管理规定》第四条规定，县级以上党政机关公务接待管理部门负责管理本级党政机关国内公务接待工作，指导下级党政机关国内公务接待工作。

第十七条规定，县级以上党政机关公务接待管理部门应当会同有关部门加强对本级党政机关各部门和下级党政机关国内公务接待工作的监督检查。监督检查的主要内容包括：

（1）国内公务接待规章制度制定情况；

（2）国内公务接待标准执行情况；

（3）国内公务接待经费管理使用情况；

（4）国内公务接待信息公开情况；

（5）机关内部接待场所管理使用情况。

公务接待工作是党和政府工作的重要组成部分，公务接待部门担负着对内工作联系、对外合作交流的礼宾礼仪事务，担负着管理与服务党政机关公务接待活动的重要职责，对公务接待工作负有主体责任。概括地说，就是公务接待工作由各级党委、政府接待主管部门负责集中统一管理，公务接待任务分层级归口负责、对口接待，实行谁领导谁负责、谁管理谁负责、谁接待谁负责的制度，从工作机制上明确了领导责任、管理责任、主体责任。

根据《党政机关厉行节约反对浪费条例》"积极推进国内公务接待服务社会化改革，有效利用社会资源为国内公务接待提供住宿、用餐、用车等服务"的要求，随着国内公务接待工作改革的深入发展，公务接待部门职能也将从接待服务型向接待管理＋服务型转变，接待服务更多地开始实行市场化运作，也就是说，接待服务保障由政府行为正在不断地向着市场行为转变。

319. 公务接待工作接受监督检查的主要内容是什么

各级党政机关应当完善国内公务接待内部管理制度，健全内部控制机制，落实国内公务接待管理责任制，加强对经费预算编制、接待审批、接待安排、财务报销等环节的审核和管理。

一是要对公务接待工作进行监督检查。监督检查的主要内容包括：国内公务接待规章制度制定情况；国内公务接待标准执行情况；国内公务接待经费管理使用情况；国内公务接待信息公开情况；机关内部接待场所管理使用情况。

二是要对公务接待情况进行公开，按年度公开公务接待制度规定、标准、经费支出、接待场所、接待项目等有关情况，接受社会监督。

三是要对公务接待费用进行审计监督，财政部门应当监督检查接待经费开支和使用情况，审计部门应当审计接待经费，并加强对机关内部接待场所的审计监督。

四是要问责，纪检监察机关要加强对公务接待违规违纪行为的查处，严肃追究接待单位相关负责人、直接责任人的党纪责任、行政责任并进行通报，涉嫌犯罪的移送司法机关依法追究刑事责任。

320. 公务接待工作纪律的主要内容是什么

（1）严格执行公务接待的有关规定和接待纪律。

（2）严守党和国家的机密，不得向亲属或无关人员透露有关接待工作方案和行动计划。

（3）严格遵守廉洁自律的有关规定。

（4）不得擅自改变已经审批的接待方案，不得擅自增减活动内容、调整接待日程，或曲解其意图。

（5）严守礼仪规则，重宾要客交谈时，无论什么场合都不得随意插话，事后也不能传播，做到不该说的不说，不该问的不问，不该传的不传。

（6）未征得重宾要客的同意不准擅自与重宾要客照相。

（7）不准请客人写条子、打招呼，或者以领导同志的名义牟取私利。

（8）严禁利用工作之便安排非公务接待。

321. 违反公务接待规定，《纪律处分条例》是如何规定的

第一百零三条　违反有关规定组织、参加用公款支付的宴请、高消费娱乐、健身活动，或者用公款购买赠送或者发放礼品、消费卡（券）等，对直接责任者和领导责任者，情节较轻的，给予警告或者严重警告处分；情节较重的，给予撤销党内职务或者留党察看处分；情节严重的，给予开除党籍处分。

第一百零六条　违反公务接待管理规定，超标准、超范围接待或者借机大吃大喝，对直接责任者和领导责任者，情节较重的，给予警告或者严重警告处分；情节严重的，给予撤销党内职务处分。

322. 接待人员应了解和熟悉本地哪些基本情况

由于公务接待工作的对象通常都是具有丰富的政治、经济、社会等方面智慧和学识，站位高、视野宽、阅历广、格局大的领导同志，要做好接待服务工作就必须具有与之相适应的知识结构和专业素养。除了熟悉党和国家的大政方针，还要熟悉本地政治、经济、文化、社会发展、人文历史、资源优势等方面的基本情况。

（1）熟悉省情、市情、县情。

①熟悉本地地理位置、气候、人口、面积、历史沿革、民族习惯及有关风土人情等。

②熟悉本地行政区划，与邻县（市、区）的结合区域，所辖下一级行政区的人口、面积，主要经济指标、科教实力、主导产业、区位优势、发展规划、城市荣誉、城市特色、地标建筑（包括设计师、设计理念、高度、规模、投资额、建成时间，以及接待过哪些重宾等）、历史名人等情况。

③了解掌握当地党委、政府当前的主要工作思路和长期、短期的发展规划。

（2）熟悉全境的纪念地、经济社会发展亮点、名胜古迹的分布，掌握所在地与省会、省辖市的距离、行程时间、道路交通情况等。

（3）熟悉当地领导的姓名、职务、工作分工和秘书姓名、联络方式等。

（4）熟悉定点接待单位的基本情况和有关人员的联系方式。

（5）熟悉宾馆（酒店）餐饮、客房服务等有关业务知识。宾馆（酒店）是接待基地，也是接待工作的主战场。接待部门与宾馆（酒店）工作的不同在于：接待部门负责对任务活动的组织与管理、接待与服务工作，是政府行为；宾馆（酒店）负责对任务活动的服务接待与接待保障工作，是企业行为。熟悉并掌握与之相关的宾馆（酒店）服务业务知识，是接待人员的必修课。否则，就无法对宾馆（酒店）接待服务质量和接待要求进行有效的监督和检查。对家乡美食文化，包括种类、做法、特色，以及历史渊源和典故等要了然于胸。

（6）熟悉抵离当地的主要航班、火车车次、船次的时间和机场、车站、港口有关工作人员的联系方式。

①机场：机场名称、航班信息、地理位置、行进路线、之间距离、所需时间、抵离时间、几号航站楼、接送机口位置、停车位置、贵宾室位置（主要为政务要客、商务贵宾乘坐头等舱、公务舱和商务舱提供无偿服务，有的机场也为其他旅客提供有偿服务）、有无餐食供应、附近酒店（预留备用）、手续办理、行李提取和托运、接送机流程。

②高铁：高铁站名、地理位置、行进路线、之间距离、所需时间、接送站口、上下车位、取票口、停车位、贵宾室位置。

③地铁：地铁站名、地理位置、行进路线、之间距离、所需时间、进出口、接送地点、运营时间。

323. 接待人员素质要求的主要内容是什么

接待任务是政治任务，展现的是党委、政府的形象和体面，是一项非常重要且必须完成好的政治任务，对接待工作人员综合素质（政治素质、文化素质、专业素质和身心素质）有着极高的标准和严格的要求。

高质量的接待服务水平需要高素质的接待队伍支撑，接待人员素质决定接待服务质量。实现接待工作高水平、高质量发展，必须在内强素质、外树形象（气质）、内外兼修上狠下功夫。主要包括以下几个方面的内容：

一是对党忠诚。对党忠诚是接待工作的政治要求，是接待队伍的政治本色，是接待干部的政治品质。

二是具有吃苦耐劳的奉献精神。

三是具有认真负责、雷厉风行的工作作风。

四是具有驾驭复杂接待任务的组织协调和应变能力。

五是具有娴熟的礼宾接待服务技能。

六是具有"通才""杂家"的博学知识，是当地的"活字典""百事通"。

七是身心健康，能够克服接待工作如履薄冰所带来的巨大身体压力和精神压力。

八是具有大方得体的仪表及文明优雅的举止风度。

324. 什么是礼宾接待人员的策划能力

礼宾接待人员的策划能力，是指按照接待指导思想，制定接待目标以及实现目标的能力。包括接受任务后的调查研究、方案策划、资源组织，运行中的协调、服务和管理等相关活动。无论是整个接待活动的日程安排还是迎送、陪同以及吃、住、行等的安排，无论是会见场地、餐厅布置还是工作餐菜单乃至席次卡的设计等，都需要精心策划，使之富有特色和新意，给客人留下美好难忘的印象。因此，接待人员必须具有一定的策划能力，这是做好接待工作的重要主观条件。

325. 礼宾接待人员的着装和仪表有何要求

礼宾接待人员良好的个人形象是一种职业习惯和工作需要。执行任务时，应做到重视边幅，注意观瞻，发型得体、化妆适度、服装整洁、站姿挺拔、坐姿端正。总体要求是庄重、大方、整洁、美观。

（1）男士着装要求。

着西服套装、系领带。一般情况下着深色西服，白天也可视情况着颜色较浅的西服，晚上应穿深色西服。

宜着白色或其他浅色衬衫。不得穿花色、花格衬衣。

穿黑色或其他深色皮鞋。不得穿休闲鞋、布鞋、凉鞋或旅游鞋。

着深色棉、毛质袜。不得穿浅色、艳色袜和薄、透丝袜。

（2）女士着装要求。

参加欢迎仪式、会谈、会见、签字仪式等正式接待活动，应着西服套装（下装为西裤或过膝、及膝裙）或中式服装，配与服装颜色相协调的皮鞋。穿裙装时应着与肤色相近的长筒或连裤丝袜，不得着短袜或不着袜。

不得穿凉鞋、拖鞋。

参加宴会、招待会等其他接待活动，应根据季节与活动性质佩戴与着装相称的配饰，不得佩戴形状夸张、造型怪异或色彩过于艳丽的首饰。

（3）其他场合着装。

其他场合根据情况着装。如参加吊唁活动，应着深色服装，系黑色或其他深色领带；参加义务植树活动，应着夹克衫；参加户外运动，应着运动休闲装等。

326. 如何做好邀请外宾来访的接待工作

邀请外宾来访应当按照有关外事管理规定，严格执行计划审批规定。未经批准或授权，不得对外发出正式邀请或作出承诺。承接上级单位安排的外宾来访接待任务，要有上机单位发出的接待公函。接待计划应当明确外宾团组中由我方招待的人数、天数，费用开支范围以及资金来源、列支渠道、预算等。计划编制必须严格控制在年度外宾接待费预算内，不得突破。

327. 中央单位外宾接待费是如何管理使用的

中央单位外宾接待费纳入部门预算管理，控制预算规模，在核定的年度外宾接待费预算内安排外宾接待活动，不得超预算或无预算安排外宾接待。

对应邀来华的外宾，中央单位应当根据互惠对等原则或外事交流协议等，区分为全部招待、部分招待和外宾自理。

无互惠对等原则及外事交流协议的，招待天数不得超过 5 天（含抵离境当天），招待人数可由中央单位按内部规定执行。超出规定天数和人数的，一律由外宾自理。

外宾接待费的报销支付应严格按照国库集中支付和公务卡管理的有关制度执行，采用银行转账或公务卡方式结算，不得以现金方式支付。

328. 外宾接待经费开支范围主要包括哪些内容

外宾接待经费开支范围主要包括住宿费、日常伙食费、宴请费、交通费、赠礼等。

外宾接待经费原则上不得列支外宾来华国际旅费。

外宾在华期间的医药、邮电通信、洗衣、理发等费用，除国家元首、政府首脑，其他均由外宾自理。

中央单位邀请的外宾团组赴地方访问时，执行当地的外宾接待经费开支标准。

地方外宾接待工作应当坚持服务外交、友好对等（参照中央单位互惠对等原则或地方政府友好交流协议等）、务实节俭的原则。

329. 外事接待任务警卫级别是如何划分的

外事来访代表团的警卫级别主要根据上级部门的指示确定。一般来说分为三级：一级警卫、二级警卫和三级警卫。特殊情况，还有一级加强警卫、二级加强警卫等。

一级警卫是最高的礼遇，其对象是国家元首（如总统、国王等）、政府首脑（如总理、首相等）以及大执政党的总书记。

二级警卫的对象是国家元首和政府首脑的副职以及

参、众议院的议长。

三级警卫的对象是副议长、外交部部长等重要外宾。

此外，对于一些身份特殊的外宾（如王室主要成员、前总统、前总理等）以及重要的客人（如友好省、州、县的领导人、知名人士及友好人士等），视情况一般也分别进行二级警卫或三级警卫。不同的警卫级别，有不同的警卫方案。在这些方面，各地的警卫部门有统一、规范、严密、安全的保障措施。

330. 外宾高访团住房的分配原则如何掌握

在预定住房时，应将所需房间的种类（如标准间、单间、套间、总统套间）、数量和摆设要求告诉宾馆，并要求宾馆提前提供所有的房号。高规格代表团来访时，还应请宾馆提前控制和预留一定数量的机动用房。分配住房时，通常应注意以下原则：

第一，根据"平衡"原则，同等身份的外宾（包括陪同领导）应安排相同规格的房间。

第二，无论外宾还是陪同，用房都应相对集中，不要分散在过多的楼层。

第三，主宾和身份较高的客人以及陪同领导宜安排在离电梯口稍远的住房，以免因其他客人的活动而影响休息。

第四，中方随从警卫和主要翻译的住房应最靠近主宾房间，如果两人性别相同，宜安排住总统套间内工作用房。此外，在有条件的情况下，主宾身边的工作人员，如秘书、医生、翻译、警卫、礼宾（礼仪人员或联络员）

等也可安排在相对靠近主宾的房间。

第五，地方礼宾接待人员的工作房和地方警卫的房间宜相互靠近并接近电梯，以方便联系和出入。

331. 外宾高访团用餐安排如何掌握

外宾来访期间的用餐，应在规定的预算费用标准内，根据外宾的级别、人数以及饮食忌好等情况妥善安排。

根据习惯做法，外宾平时的用餐通常以安排中餐为主。但是，根据不同国家的饮食习惯，也可以灵活处理。例如，西方和非洲国家外宾的用餐宜中西结合，即西式早餐，中式正餐；对亚洲国家的外宾，则可以都安排中餐。外宾平时用餐时，一般只提供软饮料和啤酒，不上其他酒类。注意外宾平时用餐的菜品菜式不要重复或雷同。

对于身份高的主宾（如国家元首、政府首脑），通常安排送餐服务。宾馆应根据接待部门提供的用餐时间提前将菜单送给主宾，并按选择要求，准时将食物送到。

外宾与陪同人员平时的用餐应分开安排在单独厅房内，而且用餐地点应相对固定（应在日程表中注明用餐地点）。在每次用餐时，礼宾接待人员（礼宾官）引导外宾（主宾）到指定的餐厅，并安排专人负责照料上级陪同领导。

332. 安排外宾住房的标准是什么

（1）外宾住宿应当注重安全舒适，不追求奢华。

（2）外宾住房标准：副部长级及以上人员可安排套间，其他人员安排标准间。

333. 宴请外宾时的陪餐人数如何掌握

接待国家元首、政府首脑级外宾的重大外交外事活动，我方参加宴请人数应当根据礼宾要求安排。其他宴请，外宾5人（含）以内的，中外人数原则上在1∶1以内安排；外宾超过5人的，超过部分中外人数原则上在1∶2以内安排。

334. 外事活动对外赠礼的标准是什么

（1）对外赠礼应当节约从简，实物礼品应当尽量选择具有中国特色的纪念品、传统手工艺品和实用物品，朴素大方，不求奢华。

（2）赠礼对象仅为外方团长夫妇，必要时可包括主要陪同人员，原则上由接待单位赠礼一次，其他单位不得重复赠礼。如外方赠礼，可按对等原则回礼。

（3）对外赠礼以赠礼方或受礼方级别较高一方的级别确定赠礼标准。

（4）对访问我国的著名友好人士、社会名流、专家学者，确有必要赠礼的，按照相关标准执行。

335. 在华举办国际会议的含义是什么

在华举办国际会议，是指中央和国家机关在我国境内举办的、与会者来自3个或3个以上国家和地区（不含港、澳、台地区）的年会、例会、研讨会、论坛等会议（以下简称国际会议）。包括中央和国家机关举办的国际会议，中央和国家机关与国际组织及外国有关团体、机构共同举办或受其委托承办的国际会议。

336. 在华举办国际会议应当遵循哪些原则

在华举办国际会议应当遵循以下原则：

（1）严格审批，分类管理。各单位应当严格执行国际会议审批规定，实行分类管理。

（2）强化预算，厉行节约。各单位应当科学、规范、合理地编制和申报国际会议经费预算，并本着"勤俭办外事"的原则，严格控制会议数量、规格和规模。

（3）符合惯例，明确责任。各单位应当根据国际惯例对等接待外方参会人员，合理划分中央与地方应当负担的经费。

（4）加强监督，注重绩效。各单位应当主动配合监督检查工作，注重绩效管理，提高资金使用效益。

337. 在华举办国际会议审批的程序是什么

各单位应当严格按照中央有关规定实行国际会议中央和部级两级审批制度，从严控制国际会议数量。报请党中央、国务院审批的国际会议，报批文件应当明确各项经费来源，原则上应当先会签外交部，再会签财政部后上报。申请中央财政拨款的国际会议，应当按照部门预算管理程序，编制详细的会议经费预算，报财政部审核。

338. 在华举办的国际会议会期和参会人员规模如何确定

根据会议正式代表的级别，国际会议分为以下几类：

一类国际会议，是指以部长级官员作为会议正式代表出席的国际会议。

二类国际会议，是指以司局级官员作为会议正式代表出席的国际会议。

三类国际会议，是指以处级及以下官员或其他人员作为会议正式代表出席的国际会议。

一类国际会议会期按照审批文件，根据工作需要从严控制。除特殊情况报经批准外，二、三类国际会议会期原则上不得超过 3 天，会议报到和离开时间，合计不得超过 2 天。

各单位应当严格限定参会人员数量，控制会议规模。除特殊情况报经批准外，国际会议工作人员人数控制在会议正式代表人数的 10％以内，驻会工作人员不得超过会议工作人员的 50％。

339. 外事礼宾接待的三大原则是什么

外事礼宾工作的三大原则是平衡、对等、惯例。

平衡，是指对大国、小国，对强国、弱国，对富国、贫国要平等相待，一视同仁。这是我国外交工作的一项基本原则，也是国际交往中一个普遍公认的原则。

对等，是指一方受到另一方给予的优待时，作为对等，也应给予同样的待遇。

惯例，是指经过国际上长期实践为大家所接受的行为规范。

礼宾原则不是绝对的，根据需要在实际安排上有时也会有所变通或给予"破格接待"。

340. 礼宾活动中的联检礼遇种类主要包括哪些

所谓联检礼遇，是指口岸入出境联检单位给予具有一定身份的外宾在入出境时的特殊待遇。

我国的入出境口岸通常设有卫生检疫局（站）、动植物检疫局（站）、边防检查站、海关等联检单位和安全检查站，即"一关四检"。

（1）卫生检疫的礼遇。卫生检疫简称卫检。卫检部门负责对入出境旅客的身体健康状况检疫，是我国入出境联检程序的第一道检查。我国的卫生检疫法规定，入出境旅客均应接受检疫。一般来说，副部长级以上或重要的代表团入出境时，可请卫生检疫部门在办理手续方面给予方便（礼遇）。

（2）动植物检疫的礼遇。动植物检疫简称动植物检。动植物检部门负责对入出境旅客随身携带的动物和植物或其成品检疫。与卫生检疫的礼遇一样，副部长级以上或重要的代表团入出境时，可请动植物检部门给予方便（礼遇）。

（3）边防检查的礼遇。边防检查简称边检。边检部门负责查验入出境旅客的旅行证件（护照）。副部长级以上或重要的代表团入出境时，可请边检部门给予外宾护照验证专办礼遇。所谓专办，是指由礼宾人员将外宾的护照收集，连同填写好的入出境登记卡交给边检部门统一办理护照验证手续，无须外宾亲自前往验证现场。

（4）海关的礼遇。海关负责对入出境旅客所携带的行李物品进行监管。海关礼遇主要有三种：免监管、免验和方便礼遇。在礼宾接待操作中，对不同身份的外宾给予不同的海关礼遇。

免监管是最高的海关礼遇。所谓免监管，是指海关官员无须在外宾入出境现场（如口岸的贵宾室等）进行监督和管理，外宾携带的行李物品可在无申报、无监视的情况下入出境。海关免监管的对象只有国家元首、政府首脑级代表团。

海关免验的对象是副部长级以上的来访代表团或某些知名人士及某些身份特殊的外宾。实施免验礼遇时，外宾无须填写海关申报单，所携带的行李物品也不用经海关检查，但海关官员一般要到现场向外宾宣布给予海关免验。

方便礼遇是海关根据实际情况，对过境外宾给予一定的方便，以区别于普通旅客的待遇。一般来说，对于应我官方邀请前来访问或有关机构邀请前来友好访问的重要的代表团入境时，可请海关给予方便礼遇。

（5）安全检查的礼遇。安全检查简称安检。安检是机场等当局的部门（通常称为安全检查站），不属于口岸联检单位的范畴。安检为保证飞机等交通工具的安全，对旅客及其携带的行李物品进行安全检查。副部级以上或重要的来访代表团乘坐飞机时可享受免安全检查的礼遇。安检部门从安全角度考虑有时可依据规定对上述人员托运的行李实行不开箱检验。

依据规定，除中央有关部、委或机构，各地方只有省一级的外事办公室才有权按规定给予入出境的外国人或外国代表团何种入出境联检礼遇并出具有关礼遇证明。各口岸的有关联检单位以及安检部门必须根据省外事办公室开具的礼遇证明，给予外宾相应的礼遇。

341. 礼宾活动中的联检礼遇应注意哪些事项

（1）涉及联检礼遇的接待计划文件应由接待单位及早发给有关口岸的联检单位以及安检部门。文件发出后，如果代表团乘坐的交通工具或抵离时间、地点有更改，应及时通知有关的联检单位和安检部门。

（2）接待单位应提前办理有关的联检礼遇证明，在外宾入出境前持证明到各联检单位和安检部门办理手续。联检礼遇证明不得擅自更改，证明上的享受礼遇的对象和人数应与实际情况相符。

（3）来访代表团乘坐外方的专机，应事先向对方了解清楚是否需要对随行人员及行李物品进行安全检查，如果需要，应及时通知机场方面做好准备。

第十六部分
国企商务招待

342. 国有企业商务招待对象包括哪些

商务招待是指国有企业在商业谈判或商业合作中接待客户、合资合作方、经贸联络考察团组的活动。国有企业商务招待对象不包括党、政、军机关工作人员和国有企业集团总部工作人员。

343. 国有企业商务招待的原则是什么

国有企业商务招待应遵循依法依规、从严从紧、廉洁节俭、规范透明原则。

344. 国有企业商务招待主要包括哪些活动

商务招待活动主要包括商务宴请、接待用车、住宿、赠送纪念品等活动。

345. 国有企业商务宴请有哪些禁止性规定

国有企业商务宴请严禁讲排场，杜绝奢侈浪费，原则上安排在国有企业内部或者定点饭店、宾馆，不得安排在私人会所及高档的娱乐、休闲、健身、保健等高消费场所。

国有企业商务宴请，不得提供用野生保护动物制作的菜肴，不得提供鱼翅、燕窝等高档菜肴。企业应当根据所在地区实际情况，分级分档确定控制标准，并制定相应的实施细则。接待对象5人（含）以内，陪餐人数可对等；接待对象超过5人的，超过部分陪餐人数原则上不超过接待对象的二分之一。

国有企业商务宴请应当执行清单制度，如实反映招待对象、招待费用等情况。不提供宴请清单的，费用不予报销。

开展商务招待所发生的费用应当及时结算。不得将商务招待费用以会议、培训、调研等费用的名义虚列、隐匿。

346. 国有企业商务招待用车的原则是什么

招待用车是指为方便接待对象出行而提供的保障车辆。

招待用车应当遵循统一管理、定向保障、经济适用、节能环保的原则，合理调配、规范用车，严禁公车私用、私车公养。

347. 国有企业商务招待住宿有何规定

商务招待确需安排住宿的，应当注重安全、舒适，不追求奢华，一般均应安排单间或标准间，对特别重要的人员可安排普通套间。

348. 国有企业商务招待活动纪念品有何规定

国有企业因商务招待活动需赠送纪念品的，应当节约从简，以宣传企业形象、展示企业文化或体现地域文化等为主要内容，纪念品标准按有关规定执行。

严禁赠送现金、购物卡、会员卡、商业预付卡和各种有价证券、支付凭证、贵重物品以及名贵土特产等。

国有企业应当建立纪念品管理制度，规范纪念品订购、领用等审批程序，实行纪念品清单管理，如实反映纪念品赠送对象等情况。

349. 国有企业内部商务招待活动如何进行

国有企业之间开展商务招待，各项标准应从严把握。国有企业内部的商务招待活动应本着内外有别、朴素节约的原则开展，不得进行商务宴请。

国有企业负责人开展商务招待还应当符合负责人履职待遇、业务支出管理有关规定。

350. 国有企业商务招待如何安排参观活动

国有企业开展商务招待活动严禁变相旅游，确需参观本地景点或观看本地特色演出的，应当严格控制陪同人数，本着节俭、就近原则安排。

351. 国有企业商务招待活动中的特殊情况如何处理

对商务招待过程中无法执行相关规定和制度标准的特殊情况，企业需进一步明确管理制度，严格履行内部审批程序，原则上须经主要负责人审批同意，并做好备案登记。

352. 国有企业商务招待活动中问责的内容包括哪些

有下列行为之一的，予以严肃处理，并追究有关人员责任：

（1）违规增加商务招待活动内容。

（2）擅自提高招待开支标准。

（3）虚报来访人数、天数等，套取招待经费。

（4）使用虚假发票报销招待经费。

（5）报销因私招待费用和个人消费费用。

（6）向所出资企业等摊派或转嫁招待费用。

（7）其他违规行为。

第十七部分

附　　件

附件一：×××大型会议活动宾馆（酒店）服务流程

1. 会议接待前期会议厅室的准备

（1）接到会议通知单后，了解会议名称、性质、开会时间、与会人数及布置要求，并且给予会务组合理化建议，配合会务组把场地搭建摆台形式落实到位。

（2）准备用具。根据会议摆台订单的要求先将所需的各种用具和设备准备好（会议桌、椅子、台布、台裙、水杯、茶杯、开水、茶叶、矿泉水、纸、笔、会议桌牌等）。

（3）确定台形。根据订单上的人数和要求，确定会议摆台的台形。

（4）布置会议摆台。

①先铺好台布，要干净、平整；台裙需要熨烫平整。

②摆好主席台用椅，椅子摆放要整齐，侧看使其在一条直线上；主席台座椅舒适，保证干净、坚固、无晃动。

③会议用纸、笔、水杯、矿泉水、茶杯符合标准。矿泉水需要标识完好，密封完好；会议用纸需要平整干净，会议用铅笔需要削尖不断芯；水杯、茶杯需要无缺口，无裂缝，无茶渍、水渍。所有桌上用品需要从侧面看为直线。

（5）主席台前如需要摆放花草绿植，高度不能超过50厘米。

（6）其他参会人桌椅整洁、整齐。会议用品摆放标准同主席台一样。

（7）按要求将所需用设备摆放就位，并调试好相关设备，如麦克风、幻灯机、投影仪等。

（8）讲台通常为面对主席台左侧。讲台花尽量为流苏形状，避免遮挡发言人。鹅颈麦克风高度需要适中，必要时需要摆放纸笔、水杯、矿泉水。一切以会务组要求为主。

（9）检查会议室周围墙面、地面是否干净，台形是否符合要求，各种用具干净、齐全，摆放符合标准，室内灯光在不同挡位是否正常，保证无暗点区域和不工作灯泡。

（10）室内温度符合国家标准和会务组要求（其中包括重要领导人的喜好温度）。

（11）一切准备工作结束，部门经理需要和会务组人员注意检查、核对，以防遗漏细节。

（12）开会前30分钟，在会议室门口等候。

2. 贵宾室的布置

（1）贵宾室常见的是沙发U形摆放。

（2）根据会务组要求确定人数，确定沙发款式、颜色，检查沙发质量，保证无破损、无开线，沙发以及沙发巾整洁干净。

（3）按照会务组给予的台形图摆放沙发和茶几，并通知公共区域部门清洁沙发。

（4）检查屋内绿植是否新鲜，灯光、空调是否正常。检查卫生间是否洁净。

（5）准备备餐茶台，包括保温壶、茶杯、茶叶、烟缸、玻璃杯、矿泉水。

（6）准备毛巾和毛巾箱（冬天通常提供热毛巾，夏天提供冷毛巾），毛巾要保证无刺激性气味，一定要拧干毛巾，避免毛巾过湿。

（7）准备一些笔纸，保证质量和数量。

（8）提供衣架。

（9）如果贵宾室提供水果、点心服务，需要准备餐具。

（10）一切准备完毕，部门经理需要和会务组共同检查核对，保证处于完好待用状态。

3. 贵宾路线

仔细核对贵宾的行走路线，沿途适当准备礼仪。当需要电梯服务时，需要有专职的电梯礼仪服务。贵宾路线必须保证干净、整齐、无障碍。

4. 贵宾迎接

提前配合组委会安排迎宾礼仪。迎宾人员身高相对要统一，需要化妆、盘头，使用礼仪专用手语，迎接贵宾时彬彬有礼，温良谦恭，不矫揉造作。引领礼仪需要和贵宾保持1～2米的距离在前面引领，在弯角处需要提前示意，并加以手势指向。

5. 贵宾室服务

贵宾室茶水需要提前20分钟冲泡并滤掉茶叶，当贵宾进入贵宾室，先为贵宾倒茶，然后上毛巾，服务需要简洁、迅速、张弛有度，当客人谈论重要事情或者私事时，应暂时避让，保持一定距离，以第一时间提供服务距离为好。

6. 会场服务

根据场馆面积及主承办方要求、会议性质、会议内容安排人数，有的场馆内不能留人。

7. 门口迎宾

（1）会场内专人负责各个区域。

（2）设专人领位（注重形象和应变），主动礼貌迎宾让座。

（3）等候服务时勤观察，不走动，不交谈（会场开会时，场内1～2人留守，驻场内人员要随机应变，应熟知会议内容和场馆所有信息）。

（4）贵宾进入会场、宴会厅，按领位服务流程引领。

8. 主席台服务

（1）在贵宾进入主会场前5分钟，倒好所有的茶水，上好所有的毛巾。

（2）在贵宾进入主会场时，有专人引领（礼仪）。

（3）安排专人为贵宾拉椅让座。完成此环节后迅速离开主席台。

（4）会议期间每隔15～20分钟为贵宾添加一次茶水。

（5）每隔两小时更换一次茶杯。

（6）员工时刻注意主席台的情况，以应变突发情况。

9. 欢送贵宾

（1）在贵宾离开半小时前，准备好专用电梯。

（2）司梯人员为领导开电梯。

（3）工程部员工也应该在场，以应变突发事件。

（4）直至把贵宾送走，活动结束。

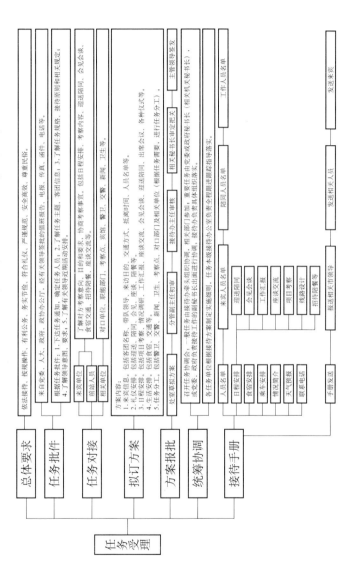

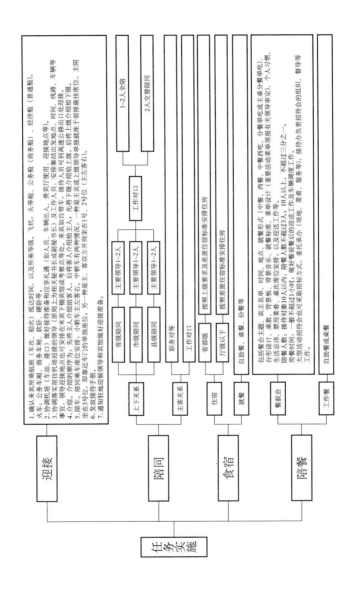

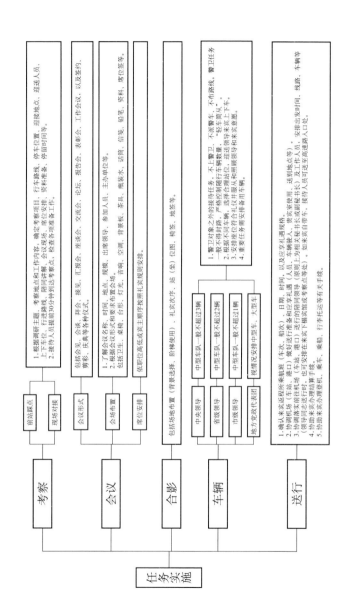

任务实施

考察
- 前站踩点：1.根据调研主题、考察地点和工作内容，确定考察项目、行车路线、上下车位、行进路线、陪同讲解、会议现场、停车位置、接送地点、迎送人员。2.接待人员提前30分钟到达考察点，检查各项准备工作。
- 现场对接

会议
- 会议形式：包括会见、会谈、座谈会、交流会、论坛、报告会、表彰会、工作会议、以及签约、剪彩、庆典等各种仪式。
- 会场布置：1.了解会议名称、时间、地点、规模、出席领导、参加人员、主办单位等。2.根据会议形式和要求布置会场。包括卫生、桌椅、台形、灯光、音响、空调、背景板、茶具、瓶装水、话筒、资料、铅笔、席位签等。
- 席位安排：依职位高低或宴会主宾顺序按照礼宾规则安排。

合影
- 包括场地布置（背景选择、阶梯使用）、礼宾次序、站（坐）位图、椅登、地毯等。

车辆
- 中央领导：中型车队一般不超过3辆
- 省级领导：中型车队一般不超过2辆
- 市级领导：中型车队一般不超过1辆
- 地方党政代表团：视情况安排中型车、乘车、大型车

（警卫任务）
1.警卫对象之外的接待任务，不派警车，不上警车，不布路线，警卫任务一般不布路线，严格控制随行车辆数量"轻车简从"。
2.根据不同车辆选择合适站位。
3.安排接待位符合礼仪（并服从车长或调秘书长）迎送领导和来宾意愿。接待人员可送至高速路路口。
4.重要任务需安排专用车辆。

送行
1.确认来宾返程所乘航班（车次、船次）、日期、时间，以及应安排规格。
2.协调机场（车站、港口）做好送行准备和应安排规格（人员、车辆数量）及工作人员、送别地点等。
3.协调落实前往机场（车站、港口）送行的陪同领导（原则上为职务相当或级别相当者）、安排出发时间、线路、车辆等。
4.领导同志行程结束后（或安排在其离下榻宾馆或送至高速路出入口。
5.协助来宾办理登机、乘车、乘船、行车托运等有关手续。

费用结算

公务接待清单、来宾单位、主要来宾、公务类型、起止日期、入住宾馆、来宾人数、陪同人数、工作餐费、车费、会议室费、通信费、文印费、其他费用、经办人等。

资料归档

包括任务批件、人员名单、活动预案及要求、接待方案（纸质和电子版）、住宿安排、用餐安排、乘车安排、迎送陪同安排、新闻报道、合影等。

任务小结

总结经验、查找不足、确保接待工作零失误、零差错。

任务完成

参 考 文 献

习近平．习近平谈治国理政：第 1 卷．北京：外文出版社，2014.

习近平．习近平谈治国理政：第 2 卷．北京：外文出版社，2017.

习近平．习近平谈治国理政：第 3 卷．北京：外文出版社，2020.

习近平．摆脱贫困．福州：福建人民出版社，2014.

中共中央政治局．关于改进工作作风、密切联系群众的八项规定．2012.

中共中央政治局．中共中央政治局贯彻落实中央八项规定的实施细则．2017.

中华人民共和国国务院．机关事务管理条例．2012.

财政部，国家机关事务管理局，中共中央直属机关事务管理局．中央和国家机关会议费管理办法．2016.

中共中央，国务院．党政机关厉行节约反对浪费条例．2013.

中共中央办公厅，国务院办公厅．党政机关国内公务接待管理规定．2013.

中共中央办公厅，国务院办公厅．关于厉行节约反对食品浪费的意见．2014.

中华人民共和国反食品浪费法．2021.

财政部．党政机关会议定点管理办法．2015.

国资委，财政部．国有企业商务招待管理规

定．2020.

中共中央直属机关事务管理局史编写办公室．中共中央直属机关事务管理局史．1991.

国务院机关事务管理局大事记编撰委员会．国务院机关事务管理局大事记：1950—1995.1995.

中央党校采访实录编辑室．习近平在宁德．北京：中共中央党校出版社，2020.

中央党校采访实录编辑室．习近平在厦门．北京：中共中央党校出版社，2020.

张建国．中国礼宾与公务接待．北京：中国人民大学出版社，2015.

张建国．中国礼宾接待手册．北京：中国人民大学出版社，2018.

图书在版编目（CIP）数据

礼宾接待与服务保障/张建国著 . －－北京：中国
人民大学出版社，2022.1
　ISBN 978-7-300-30252-2

　Ⅰ.①礼… Ⅱ.①张… Ⅲ.①礼仪－基本知识－中国
Ⅳ.①K892.26

中国版本图书馆 CIP 数据核字（2022）第 009681 号

礼宾接待与服务保障

张建国　著

Libin Jiedai yu Fuwu Baozhang

出版发行	中国人民大学出版社				
社　　址	北京中关村大街 31 号		**邮政编码**	100080	
电　　话	010 - 62511242（总编室）		010 - 62511770（质管部）		
	010 - 82501766（邮购部）		010 - 62514148（门市部）		
	010 - 62515195（发行公司）		010 - 62515275（盗版举报）		
网　　址	http://www.crup.com.cn				
经　　销	新华书店				
印　　刷	涿州市星河印刷有限公司				
开　　本	890 mm×1240 mm　1/32		**版　　次**	2022 年 1 月第 1 版	
印　　张	12.125 插页 4		**印　　次**	2024 年 9 月第 2 次印刷	
字　　数	220 000		**定　　价**	80.00 元	

图书在版编目（CIP）数据

礼宾接待与服务保障/张建国著 . -- 北京：中国
人民大学出版社，2022.1
ISBN 978-7-300-30252-2

Ⅰ.①礼… Ⅱ.①张… Ⅲ.①礼仪－基本知识－中国
Ⅳ.①K892.26

中国版本图书馆 CIP 数据核字（2022）第 009681 号

礼宾接待与服务保障
张建国　著
Libin Jiedai yu Fuwu Baozhang

出版发行	中国人民大学出版社		
社　　址	北京中关村大街 31 号	邮政编码	100080
电　　话	010 - 62511242（总编室）	010 - 62511770（质管部）	
	010 - 82501766（邮购部）	010 - 62514148（门市部）	
	010 - 62515195（发行公司）	010 - 62515275（盗版举报）	
网　　址	http://www.crup.com.cn		
经　　销	新华书店		
印　　刷	涿州市星河印刷有限公司		
开　　本	890 mm×1240 mm　1/32	版　次	2022 年 1 月第 1 版
印　　张	12.125 插页 4	印　次	2024 年 9 月第 2 次印刷
字　　数	220 000	定　价	80.00 元